监者下乡

中国乡村治理现代化研究

贺雪峰 著

江西教育出版社

·南昌·

序——监督下乡与基层自主性弱化

这几年在基层调研,发现过去普遍存在的"变通"没有了,许多本来应该可以变通的工作也不变通了。比如在环保风暴下,有的地方不让养猪牛羊了,还让养鸡鸭,但要圈养,鸡圈有统一的风格和标准。落实到乡村时,基层干部发现统一风格和标准的鸡圈在当地不适用,但他们并不就此向上级提意见,而是仍然按照上级的标准建造鸡圈,然后通过验收交差。政府钱花了,鸡圈建起来了,基层干部工作落实了,农民却根本不会将鸡圈养在鸡圈里。

基层干部说,要是放在过去,有的政策不符合基层实际,他们会向上级反映,然后共同研究制订符合实际的落实方案。现如今,他们不仅不变通,甚至不再向上级反映情况,上级怎么说,他们就怎么做,不管工作做了之后的效果如何。

过去基层干部常被诟病的一个毛病就是变通。再硬的政策、再刚的任务,到基层都可以变通应对,一变通就落实了。变通,既能根据实际情况完成任务,也可能使政策被歪曲、被选择性执行。受访的基层干部称,过去基层工作讲结果，许多工作按照上级要求去做效果不好，基层干部就会想方设法去创新变通执行。如计划生育政策，在有些地方遭遇宗族集体对抗后，"刮宫流产"很快变成收取社会抚养费。

问题是，有些如此明显不符合实际的政策，为什么会在基层大力推行，基层干部又为何不再向上级进行反馈与沟通呢？

基层干部变通与否，与两个方面有关系：一是基层干部有没有变通的能力，二是基层干部有没有变通的意愿。前者是指上级有没有留给基层干部变通的空间，基层干部变通之后上级持什么样的态度。如果上级默认、允许乃至鼓励，基层干部变通的空间就较大、变通能力就强。后者是指基层干部主观上想不想变通，变通对他们有利、对完成工作有利就会变通，否则就不变通。从正面理解变通，这两方面都涉及基层自主性问题。

所谓基层自主性，就是基层干部按照自己的意愿、认知、偏好、判断等做出行为的动机、能力和特性。基层干部自主性较强，意味着他们在工作上有一定的自我决定空间，就可能将工作当作自己的事情对待，从而会尽心尽力地干好。

对于基层干部来说，自主性是最大的激励。基层经济资源稀缺、经济激励受到限制，干部激励主要是政治激励，但基层干部岗位、职务、级别、荣誉都有限，无法给予他们充分的政治激励。而自主性激励则通过给予基层干部工作上的自主权和自主空间,激发他们工作的热情和责任感,可以使工作落实得更好。

如此,基层干部怎么对待工作、怎么干工作就非常重要。基层干部是将工作当作自己的事情,还是当作上级的任务?他们对工作的认识不一样,工作的状态就不一样。将工作当自己的事情,就会生发对工作的责任感,从而认真负责地将工作干好;将工作当上级的事情,就会应付工作,能交差就好,责任意识就很弱。如果他们工作中有自己的方式、思路、手段和安排,工作时就会积极主动;如果他们完全按照规章制度亦步亦趋,干工作的状态也就消极被动了。

要让基层干部有责任心、积极主动地干工作,关键是要赋予他们自主性。有自主性,基层干部就能够充分发挥主体性、主动性,愉快地干工作,工作时就会有创造性、创新性,干完了工作就会有获得感、成就感。虽然工作辛苦但还是有收获的,这对于"工作反正要干"的人来说是莫大的激励。

对于基层治理来说,自主性之所以很重要,主要与基层的工作性质有关:

一方面,基层一线工作细小琐碎、杂乱无章,很难监督考核,或者监督起来成本太高,效果不好。事情做没做、做得好不好,更多依赖于一线工作人员的自觉性、主动性、积极性、自律性。比如,征地拆迁做群众思想工作,基层干部到农户家转一圈,然后向上级汇报说

"做不通"。他是否用力用心做了，上级心知肚明，但是缺少问责机制予以监督。

另一方面，基层工作主要是跟群众打交道、做群众工作。做群众工作无"定法"，没有规律、旧例可循，不能按图索骥，只能依托于基层干部主观能动性的发挥，创造性地开展。要想让基层干部能够创造性地开展工作，而不是或阳奉阴违、面从腹诽，或畏首畏尾、墨守成规，就应给予基层干部自主性激励。对于职务晋升困难、经验丰富的"老乡镇"来说，自主性激励至关重要。

党的十八大以来，鉴于过去很长一段时间基层治理问题丛生，以及越来越多的国家资源输入，工作任务下沉，党和国家建设以程序化、规范化、制度化为主要特征的基层治理现代化体系，其中最重要的举措是"监督下乡"，在县乡基层构建起了完整的巡察体系、督查体系和问责体系。调查发现，"监督下乡"在规范基层行政、改造基层治理生态的同时，也对基层治理产生了冲击，在某些领域、某些地区出现了基层自主性缺失问题。

基层自主性弱化，与监督下乡的以下几个层面相关：

一是基层治理的规范化。基层治理规范化如落实工作的程序化、流程化、文档化、留痕化加强，缩小了基层干部的自主操作空间。例如，在村级财务建设上，建立了村财乡（镇）管、银行转账等制度，促进了村级财务、项目资金的规范化管理，减少了农民身边的"微腐败"。但同时也使得村干部在一些正常的工作开支上也畏首畏尾，于是许多工作开展不了。

二是政策制定的刚性化。上级制定政策时，不仅政策目标更加细化、明确化，而且还规定了执行的具体流程、注意事项等。再就是执行政策时要求的时间紧，有的时候，许多工作刚部署下去，就要经验材料、典型案例，根本不给基层留足抓落实的时间。政策刚性化，不考虑基层的实际情况、问题和需求，使基层无法根据实际对政策进行转化，无法将本地的治理需求纳入政策目标之中。当前农村改水改厕、环保风暴、美丽乡村建设、双季稻种植等工作，都不同程度地存在政策刚性化问题。

三是政策执行的督查化。基层工作被置于全方位、全过程的监督之中，纪委监委从事后监管变为全过程监督，督查室紧盯着工作不放，巡察组也可能跟进，还有各部门以调研、考察、座谈、暗访、评估等方式不定时地下乡督导检查。被无数双眼睛盯着干活，基层干部只能按照规定按部就班、亦步亦趋地操作，不敢自主"创造"操作的空间。

四是工作考核的问责化。基层问责体系也在不断建立和完善中，只要在督导检查中查出态度、法纪、操作、事故等问题，都可能被政治问责。一旦被问责，就会影响干部个人的政治前途。为了不被问责或降低责任等级，基层干部在工作中就须慎之又慎，既要按照规定流程走，还要每一步都留痕以备倒查。偏离规定流程的做法，既可能被督查直接查出，也可能因为出了问题被倒查出来而担责。

此情此景下，很多基层干部正常的变通想法也变得很稀罕，更不用说基层工作中的自主创新动作了。

基层干部缺乏自主性，基层治理自主空间过窄，造成了一些不良后果：

首先，基层干部干工作没有灵魂。由于没有自主空间，上级怎么说，下级就怎么做，他们成了流水线上的螺丝钉，按规章、流程办事，没有激情、没有热情、没有创造，机械地完成任务。

其次，基层干部不把工作当自己的事。工作本身被认为是外界强加的、情非得已的，因而不会生发责任心和责任感，没有内在的将工作干好的动力。工作上讲究应付、交差、不出事，而不去考虑工作是否符合实际、是否需要反馈和改进。

最后，基层干部怯于创新和变通。一方面是工作只要能交差，好坏与自己没关系，没有创新的动力和压力。另一方面是创新和变通很容易出问题，在监督问责严苛、容错纠错机制不健全的背景下，他们秉持"多做多错，不做不错""只要不错就阿弥陀佛"的理念，宁可不做，也不愿意"背锅"。

总言之，基层干部缺乏自主性，不会主动地去发现问题、解决问题，也不会自觉地将工作干好，更不会创造性地开展工作，最终结果是基层治理没有活力，基层社会问题得不到实质性解决，形式主义横生。

以上是阅读《监督下乡——中国乡村治理现代化研究》后的一些想法。

早在几年前，贺雪峰教授在调研中就敏锐地发现，国家希望通过监督下乡来达成基层治理现代化的目标，监督下乡成为基层治理最重要的变量和工作推动的最重要的资源。

《监督下乡——中国乡村治理现代化研究》是贺雪峰教授关于监督下乡与乡村治理现代化的思考汇编。书中呈现了监督下乡的丰富图景，以及它对基层党建、政策执行、村民自治、机构设置、干部面貌、晋升激励、服务供给、"运动式"治理、乡村振兴等各领域的影响；回应了近些年基层治理领域出现的自主权缺失、官僚主义、形式主义等严重问题，在机制上做出了解释，指出要辩证地看待监督下乡，主张给基层治理放权，调动基层干部积极性。

通过对监督下乡的研究，贺雪峰教授反思了当前乡村治理现代化的方向和路径，认为要审慎思考基层治理程序化、规范化、制度化的方向，强调乡村治理现代化要与乡村独特的社会性质、问题属性、工作任务等相结合，因地制宜，保持简约、高效的乡村治理体系。

杨　华
2021年6月27日
于武汉大学社会学院

目录

一 基层治理现象

村级治理的四种类型	002
村级治理正规化及问题	009
基层治理需要有自主权	016
监督下乡	019
小寨乡的消极治理	022
社会动员的不同模式	026
珠三角地区贿选为何减少了	033
乡村治理四十年的变迁	039
基层治理内卷化	045
国家与农民对接的三种方式	048
县级治理的灵魂	051
基层治理的三重境界	054
行政还是自治：村级治理向何处去	057
合村并组的治村逻辑	063
督查下乡的疆与界	067

二

基层党建乡村干部与机构

党建领航与村庄善治	074
山东招远党建示范区	078
"党总支"为什么有效	085
基层"中坚干部"	096
村干部职业化弊大于利	101
谁能当村干部	104
乡镇干部为什么会这么忙	110
联村干部与驻村指导员	112
乡镇干部职务晋升规律	120
村干部权力的边界	126
村支书的大田梦	132
乡镇机构与民政工作	135
"以钱养事"改革回头看	148

三

基层服务与运动治理

乡村办案	154
甘县的信访	157
东莞农民的上访	163
市民热线服务是一门治理艺术	168
政治形势、信访治理与矛盾控制	174

"城管革命"进农村	180
基层治理中的"游击战"	185
运动治理为什么有效	188
基层精准治理不可能定律	194
基层治理中的小概率事件	197

四 扶贫与乡村振兴

从开发扶贫到精准扶贫	202
贫困户的动态调整	205
大数据比对与农村低保	210
产业扶贫存在的风险	213
易地扶贫搬迁实例	218
全国统一劳动力市场	230
当前村级治理应当做什么	234
农民收入断裂带	238
撬动村级治理的支点	242
当前村庄建设的目标是什么	245
美丽乡村建设不能超越历史阶段	250
推进乡村振兴战略的十点思考	254

后 记	258

基层治理现象

村级治理的四种类型

当前农村与城市的界限越来越模糊,主要表现在四个方面:一是当前农村有了越来越多的现代因素,与传统的相对封闭的农村已经有了本质的不同。无论是东部沿海发达地区的农村还是中西部欠发达地区的农村,边界越来越开放,农民收入方式越来越多元,社会结构与传统社会迥异,治理方式也与传统社会完全不同了。二是当前全国正在推进基层治理现代化,即使在中西部地区的农村,村干部也开始职业化。这种职业化不仅表现为坐班制,而且村干部收入开始将误工补贴改为工资。三是一些沿海发达地区的农村早已高度工业化了,不仅当地农民不再从事农业生产,而且有远远超过当地人口的外来务工人员在当地务工。这样的农村也就城市化了。四是有越来越多的农民"上楼",由于村改居,之前的村委会变成了居委会。

这样一来,我们大致可以进行两种区分:一种是仍然具有农村主要特征的农村和已经城市化了的农村,另外一种是传统农村管理体制与现代城市管理体制。它们可以有四种匹配模式:一是用传统农村管理体制治理农村模式,二是用现代城市管理体制治理城市化了的农村模式,三是用传统农村管理体制治理城市化了的农村模式,四是用城市管理体制治理农村模式。进行这样的区分并划出四种类型以后,再来逐一讨论,就可能有一些有趣的发现。

当前农村与传统社会的农村有显著区别，可以分为两种截然不同的类型：一种是占绝大多数的中西部地区的农业型农村，另一种是占少数的沿海发达地区工业化了的农村。前者主要是指仍然以传统农业为主的未被工业化、也未纳入沿海发达地区城市带的农村，不仅包括绝大多数中西部的农村，而且包括相当部分沿海地区的农村。这种类型的农村，主要业态是农业，仅靠农业难以维持体面的生活，因此，大量劳动力进城务工或经商，农民家庭收入具有明显的"以代际分工为基础的半工半耕"特征。这种类型的农村，村庄社会结构比较简单，治理事务较为单纯，仅靠传统的不脱产村干部进行管理就可以维持基本秩序。比如，在相对封闭的条件下，村干部不脱产，既可以获得农业收入，又可以拿到当村干部的误工补贴，就比只有农业收入的一般农户经济条件要好、收入要高。不过在当前，这类村干部不脱产，不能离村外出务工，他们的农业收入加上误工补贴远远比不上外出务工农民的收入。当然，之前的传统管理体制也在适应新情况而进行改进。这是村级治理的第一种类型。

与人口流出、农业仍占主要业态的中西部农村完全不同的是，一些沿海发达地区的农村实现了就业非农化、农村工业化，农村土地上修建了大量厂房。农村工业化不仅让本地农民从农业转移到二三产业，而且有越来越多的外来务工人员到村居住，这样的农村已经城市化，或变成了城市化的农村。这样的农村的管理方式也在逐步城市化，从而形成了以城市管理体制来管理城市化了的农村的第二种类型。

有趣的是第三、第四种类型。

在苏南和珠三角已经城市化的村庄，尤其是有大量外来农民工的村庄，村庄管理体制大都会变得接近城市，高度规范化、科层化。村庄大都会设立上下班制的服务窗口，村干部高度职业化、坐班化，拿比较可观的工资；村里一般都有巡逻队，人数比较多；村一级行政经费较多，管理支出也多。浙江省是中国典型的东部沿海发达地区之一，与珠三角地区和苏南地区基层行政体系普遍正规化不同，浙江农村的乡村管理体制依然保持了传统时期乡村治理的特征，或者说浙江农村是以传统乡村管理体制来治理已经城市化了的农村，最多只是在传统乡村管理体制基础上略有完善。

2017年，我们在浙江省毓南镇一个省级经济技术开发区调研。在临海数十平方公里的土地上，毓南镇有230家企业，年产值超过1000亿元，有3.5万人就业，其中80%为外来农民工。毓南镇是开发区员工主要的生活区域，有近2万名外地农民工租住在毓南镇农户家中，外来人口与本地人口的比例为3∶1。大量外来人口以及便利的就业机会，极大地改变了毓南镇农民的生活状态与工作状态。虽然多数农户仍然栽种面积不大的葡萄园，但毓南镇农村已完全不同于传统村庄，可以说是已经城市化了的农村。

毓南镇村一级却完全没有诸如珠三角、苏南等发达地区农村（城市化了的农村）的模样。以本村人口2500人、外来租房农民工7500人的联合村为例，全村共7个村干部，村支书、村主任都办有自己的企业，相对年轻，其余5个干部都过了60岁，其中有3人在企业当保安，是全职保安，兼职当村干部。村干部中，只有聘用的村文书才在周一至周五上午上班，帮村民盖章、出证明、办手续，其他村干部仅仅在每周三镇联村干部来村里召开碰头会时，他们才来上班。有事村干部来办事，没有事就不会有村干部在办公室。村干部自己经营当老板，或者去做保安，因为联合村村干部每月的误工补贴人均不到1000元，村支书每月最高补贴也才1400元，根本无法维持当地的最低生活水平。联合村也没有联防队，仅仅聘请了 4 名协管员（都是老村干部）分片负责登记外来农民工的信息。协管员按登记信息多少领取报酬，每月收入在 2000 元左右。协管员由镇社会事务管理所聘请并发工资。

毓南镇不仅村级组织不正规，而且镇政府同样简陋。全镇有行政事业干部 43 人，临时聘用人员 20 余人。派出所是边防派出所，有 10 多个警察，还有大概 20 个辅警——这就是毓南镇全部警力。毓南镇每年行政管理经费十分有限，连同环卫经费在内一年行政事业经费最高时 1400 万元。因为大量外地农民工子弟在毓南镇上学，2017 年，仅中小学校教室加装空调就花去 200 万元，这笔钱也包含在毓南镇最高不超过 1400 万元的行政事业经费中。村一级办公经费就更少了，除了镇里按人补贴的环卫经费以外，村一级行政办公经费很少有超过 10 万元的。

然而让人惊讶的是，仅仅依靠如此粗陋的镇、村两级机构人员设置，毓南镇就有效地进行了社会管理和行政管理，维持了毓南镇域的治理秩序。本来，按上级要求，各个村都应当设立服务大厅，由村干部坐班为村民办理各种日常事务，同时处理村庄突发事件。不过各村在村部设立的服务大厅不到一个月就撤销了，恢复到过去的状态：一是没有人来办事，村民仍然是有事就直接找村干部，无论白天晚上或双休日；二是村干部报酬太低，在村部根本坐不住。

换句话说，毓南镇仅仅通过传统的乡村管理体制，就大致管理了已经城市化了的农村——看起来不正规、经费少、人员少、专业化分工不足的乡村组织，却相当有效地保证了当地的秩序。最近几年，浙江省自上而下推动环境治理，这些自上而下的工作都是依靠并不正规的乡村干部与组织体系来完成。自上而下开展中心工作，激活了过去有名无实的"联村干部"制度，即由乡镇主要领导和一般干部分头包村负责完成上级中心工作。让人意外的是，仅仅依靠并不正规的乡村干部队伍，毓南镇一直能较好地完成上级布置的各项难度颇大的中心工作。

其实，不仅仅是毓南镇的村、镇两级干部人少，村干部不脱产，村级和镇级行政事业经费有限，浙江绝大多数农村都是这样的。

有些地区的农村与浙江农村相反，是用城市化的管理体制去治理农村。S 市周边大多数村庄都没有工业化，村庄中的年轻人大都进城务工或经商。因为没有乡村工业，也就没有大量外地人来当地租房，村庄里的外地人很少。村庄留下来的人主要是老年人，他们自己种点儿菜，闲时帮在本地租地的外地农民做点儿小工。对如此正在萎缩的村庄，他们同样进行精细化管理，不仅有一支正规化的村干部队伍，村干部工资也接近当地公务员工资，村支书年收入可达 20 万元。乡镇在每个村都派了若干窗口服务人员进行服务，尽管很多窗口一个月也没能服务几次。村集体有比较多的上级拨款，有各种自上而下的专项经费。村干部最重要的工作：一是将各种专项拨款用下去，二是将各种资料记录下来。村庄所有的事情都必须依法依规按程序进行，都要办事留痕，要有详细记录。对于任何可能发生的风险都要严控排查，对于每一件事情都要尽可能办到最好。不仅要完成上级布置的工作，而且还要有"自选动作"，无事找事。虚头巴脑的填表，文字工作急剧增加，真正要解决的硬任务却不多。S 市农村的网格化管理也照搬城市管理模式，大量资源耗在了走形式上，而不是用在真正解决问题上。

严格按照程序、按时上下班、窗口作业、分工负责、责任追究等现代管理体制的建立，主要着眼于预防，是在专业分工基础上形成的责任追查机制。用现代的基于专业分工的城市管理体制去管理农村，这样的管理虽然结果尚好，管理成本却高得惊人。

近些年，全国农村普遍出现了在村部设立党群服务中心办事大厅，为农民提供高质量的服务的情况。不仅如此，全国农村越来越强调村干部的职业化，要求村干部坐班，不允许村干部兼职。同时，要求所有村务决策与管理规范化、程序化和民主化，要办事留痕，要让群众满意。

现在的问题是，村干部只拿误工补贴，每年误工补贴大多只有 1 万元左右，远低于外出务工三五万元的收入。如果没有其他收入来源，地方政府就必须提高村干部工资，他们就能如公务员一样，只要不犯错就可以继续做下去，直到退休，退休后国家再提供退休金养老。

如果提高村干部的报酬，给村干部发工资，中西部绝大部分地方政府就可能缺乏足够的财力。2016 年，H 省按乡镇副职待遇，提高主要村干部（村支书、村主任）的工资，结果引发其他村干部的怠工。在地方政府财力不足的情况下，个别地方政府错误的应对之策就是合并村庄，以此来减少村干部职数，再提高村干部工资。H 省 H 县推进行政村合并，将之前 600 多个行政村合并至 300 个，按 H 县 155 万人口，合并后行政村平均人口接近 5000 人，即使地方政府可以支付得起每村三四个村干部的工资，三四个村干部怎么可能管理得了 5000 人的大村？这已远远超出传统乡村熟人社会的范围，恐怕要在行政村一级下面再设一级组织才能有效管理。再设立一级组织就又要增加更多的干部。

实际上，正规化的村干部按时上下班，按程序进行的办事留痕制度，会变成墙上制度，变成应付检查。H 省村级事务"四议两公开"，主要用来解决"低保指标分配、危房改造指标分配和党员指标分配"。在实践中，"四议两公开"基本上没有正式运行。村干部坐班之后，没有一个群众过来办事，坐在村部的村干部就成了一群脱离群众、脱离生产的"懒汉"。一旦真正有事情发生，这些坐办公室的"懒汉"村干部又什么事情都做不好。

当前,通过完善传统乡村管理体制治理城市化的农村,这一现象值得进一步讨论。比较糟糕的是,在要求基层治理现代化的诉求下,全国绝大多数农村仍然还是传统的农村,却被穿上了一套套不合身的"现代化外衣",如村干部职业化、坐班制、服务大厅、程序化规范化的复杂制度等。

2017 年 8 月 28 日

村级治理正规化及问题

前不久,我们到J省Z市Z区Z村和C市C区C社区调研,对村干部的忙与闲做了一个对照。我们调研的Z区Z村是一个有5000人的大村,有9个村干部。村干部总是感慨"真忙啊"。C区C社区是一个拆迁社区,有7000多人。相对来讲,C社区18名干部和办事人员似乎不是很忙,甚至感觉C社区书记还有点儿闲。我们与Z村村支书交流,村里任何事情书记都一清二楚,因为几乎每一件事情他都要亲自处理;而C社区书记对社区很多情况不太熟悉,其中原因是C社区已经形成了科层管理体制,书记是领导,社区各项事情都有专人或相关科室对接处理,书记主要负责协调工作。

为什么J省的不同地区村干部会忙闲不均呢?

一

Z村村支书自1994年以来已连任23年,是一个地地道道的老资格村支书。2000年,两个行政村合并成Z村,是一个大村,全村有9个村干部、12个自然村村主任、4个联队会计和32个村民小组。村民小组不设组长,自然村村主任由选举产生,一年有5000元误工补贴。联队会计由村里聘请,每年薪酬1.2万元。Z村村支书现在每年工资大约5万元,年终考核奖励3万元,一年薪酬总额大约8万元,其他村干部按村支书薪酬的 70%~95% 计算工资和年终考核奖励。所有村干部工资和考核奖励都由上级拨发。Z 村每年集体收入只有大约 40 万元，仅够发联队会计、自然村村主任和保洁员工资以及应对一些必需的支出。Z 村村支书说："公务员每月工资有 8000 多元，年底还有考核工资，另外每年有好几万元的公积金，现在村干部工资收入还不到乡镇公务员的一半，而且村支书退休后每月只有 800 元的社保，乡镇公务员退休后每月少说也有 6000 元。不过，村干部收入比务农收入、外出务工收入都要高，且工作要体面自由得多。"因此，在 Z 村，村干部是一个好职业。

Z 村村支书认为，过去工作比较单纯，虽然每件事都要完成有一定难度，村干部却可以想方设法在期限内完成。硬任务硬完成，完成了就完成了，没有完成就没有完成，比较容易衡量。现在完成任务也许不难，但完成任务必须要做到办事留痕，要讲证据，要让所有人满意，这就有相当大的难度了。

Z 村村干部之所以特别忙，有几个特殊的原因。2015 年 Z 村盖新村村部"为民服务中心"，上级拨款 200 万元（含民政拨款 60 万元），村集体自筹了 100 万元，共 300 万元。所有重要事务在村庄内部也必须严格按"四议两公开"程序来。

不过，最让 Z 村村干部头痛的是 12345 市民热线，上级会依据市民热线来评价村干部工作情况。12345 市民热线接线员在接到电话后形成工单，工单由市到区再到镇，最后到村，一级一级下派，接到工单的村干部必须限期办理工单，然后将办理情况形成文字上报，再由市接办机构对电话报单人进行回访。回访的目的主要是满意度调查：一是对办理结果是否满意，二是对办理态度是否满意。市、区、镇三级会依据报单人满意程度进行满意度排名，排名靠后的下级会被上级约谈甚至诫勉或处分，同时也会在千分制考核中扣掉相应考核分数。

12345市民热线，通过极其便利的方式将群众各种诉求低成本地反映到了市里，市里几乎无法甄别这些报上来的诉求的合理性，大量合理、不合理诉求，一级一级下派，处理了工单后，再形成材料一级一级上报。这样一来，很可能只是一件简单的事情，处理起来原本只要几分钟，而围绕这件简单小事形成文字材料却要花费几个小时。因此，村干部抱怨有些事情村民本来可以当面向他们反映，他们马上就可以去处理，有的村民却拨打12345市民热线，他们就要为这件小事忙上大半天，主要精力和时间都用在写材料上。

社区或村庄不仅要主动提供各种服务，地方政府还鼓励创新服务内容与形式，将服务的创新纳入对村庄或社区考核的加分项。一项创新出来了，很快就成了经验推广，成为基本要求，其他村庄或社区就有了普及的压力。越来越多的服务内容和服务形式被创新和普及，使得村干部的工作越来越细碎复杂。村干部岂能不忙？

更麻烦的问题是，当村干部为村民提供服务时，最先响应这些服务和最愿意提出诉求的恰恰是村庄比较边缘的群众，是那些对个人利益最敏感、最愿意从集体获取好处的群体，是最讲利益而不愿承担责任的人。这样的群体在任何社会都有。过去，在村庄熟人社会中，这些人只讲利益不讲责任，就会成为村庄团结的破坏者、村庄共同利益的损害者。他们从村庄得到了不该得到的利益，也就会为此付出声誉败坏的代价。只有那些讲奉献而不讲索取的村民，那些热心服务而不考虑个人利益得失的人，才是村庄正面人物、主导力量。得到好处就要付出代价，这是一个熟人社会中的基本规范。但是，当前在农村基层治理由管理到服务的转型中，村庄不断地创新服务，为村庄中那些利益敏感群体提供服务，进一步刺激了这些群体的个人欲望，并将这原本处在边缘的群体置于村庄服务中心，村干部整天与这样一个群体打交道，满足这样一个群体越来越多不合理性的诉求。边缘群体的获利刺激着村庄其他群众都向他们看齐，都要求各种自己不付出代价的服务。如此一来，村干部岂能不忙？

二

从 Z 村到 C 社区调研，我们发现 C 社区干部没有 Z 村干部忙。为何同一个地区的不同基层单位，两者会有如此显著的差异呢？

C 社区是一个拆迁社区，属于 C 街道。2006 年 C 区成立经济开发区，将之前的乡镇 7 个村单独划出来归开发区，2013 年在 7 个村的基础上设立 C 街道。因为是经济开发区，所以对全部 7 个村进行预征预拆，所有农户安置到新建的 C 社区和 D 社区。说是社区，其实都是之前 7 个村的农民，社区干部也都是之前 7 个村的村干部。C 社区和 D 社区已经建成很多年了，还有几个村仍待拆迁。目前已经拆迁的农户接近 7000 户，2 万人。

C 社区居民较 Z 村稍多，另外还有大约 3000 名外地人到 C 社区租住，按说 C 社区干部应当比 Z 村干部更忙。询问 C 社区书记，发现 C 社区书记对社区情况似乎很不了解，很多事情都未经他处理。原来，C 社区书记一般不负责处理具体事务。在 C 社区有 18 个干部和办事人员，已经形成了相对科层结构，每一件事情都有人分管，社区书记不用事事亲力亲为。社区 18 个干部和办事人员，其中 5 个人每天在社区服务中心的服务大厅坐班，帮助群众办理各项事务，比如社保、计划生育、低保、社会救助以及水电费代缴、公交卡代办等。实际上，这些事情大都是季节性的，5个工作人员坐在服务大厅，大多数时间无事可做。因此，C社区调整安排，让2个工作人员坐班，3个工作人员到社区巡视，及时发现问题并解决问题。

C社区书记比较悠闲，除科层结构分担了各项社区事务以外，更重要的是C社区人员集中居住，已经成为城市社区，公共服务基本上都由政府提供而不需要由社区来提供。C社区也有12345市民热线，与Z村每月都有10多个市民热线工单不同，C社区每个月只有一两个市民热线工单。如此一来，C社区干部也就不会很忙了。

社区干部不忙不等于社区没有事情。C社区是拆迁安置社区，社区物业管理经费由地方政府来承担。C社区每年仅物业费就要400万元以上，有10多个社区物业管理人员，大量社区事务是由物业公司来承担的，而没有到社区干部那里。除社区物业公司以外，C社区还有一个警务室，有1名正式警察和23名辅警。C社区警务室几乎每天都会接到10多个110出警任务，这些出警任务绝大部分是非警务，实际上是社区事务，只不过这些社区事务大都被警务室的辅警解决了。我们在警务室访谈期间，一个妇女在警务室外大吵，仔细询问，原因是小区环境整治，不允许在室外放置花盆，清扫员将她家花盆收去了。她很不满，于是到警务室讨要说法，经辅警调解，让清扫员道歉了事。此外，因为C社区已经被纳入城市管理范围，一旦出现诸如噪声扰民等问题，居民便拨打12345市民热线，市民热线派单也是派给城管中队而不是社区干部。或者说，C社区已经被纳入整个城市科层管理体制之内，社区事务都是由城市各个主管部门与机构来管理。而Z村实际上仍是地地道道的农村，农村远离城市各个主管部门与机构，发生的各种事务都按属地责任制，最终落到村干部身上。

也就是说，在社区内发生的事务，C社区同时有4个系统来应对：一是社区居委会干部系统，二是物业系统，三是警务系统，四是包括城管在内的城市管理系统。而在Z村，不仅没有物业系统，而且警务系统和城管系统都远离村庄，村庄事务大多数得由村干部来处理。在同样的由管理到服务、建设服务型基层党组织的政策实践中，被纳入城市管理体系的社区的干部就比较悠闲，而远离城市管理体系的农村的村干部就十分忙乱了。

浙江农村是一个例外。浙江农村的村干部大多至今仍然是不脱产干部，只拿误工补贴，也不可能每天按时上下班。最近几年，浙江省大力度推动"三改一拆""五水共治"等美丽乡村建设，并取得了成效。相对于J省农村，浙江农村的村干部大多是竞争产生的，且村干部队伍不稳定，而J省农村的村干部很早以前就普遍职业化了。浙江农村大都是底线式的治理，村集体经济实力很弱，但浙江农村社会活力很强，其典型表现是由家庭作坊成长起来的民营企业一直顽强生长，也一直是浙江经济的主力。J省尤其是J省南部强大的村集体经济使地方政府具有更多满足农民诉求的意愿与能力，浙江则主要是要求村干部完成自上而下布置的硬任务，而不是强调服务。因此，在浙江农村，仅仅依靠不脱产的村干部就完成了诸如"三改一拆"等治理硬任务，其中原因恰恰源自浙江农村仍然保持底线治理的模式，而没有过多去激发群众各种各样的诉求。

中西部地区的农村也在进行服务型党组织建设，也在实行由管理向服务的模式转型，也开始建设党员群众服务中心，设立服务大厅，努力让群众"办事不出村"，因此要求村干部职业化，村干部误工补贴工资化。

现在的问题是，在中西部农村，大量人口外出务工或经商，村庄空心化程度高，村庄治理的事务琐碎，即使设置了坐班的服务大厅，服务中心大多数时间也可能无法发挥作用。

传统农业型农村是熟人社会，农村工作具有很强的季节性。取消农业税之前，村干部一直是不脱产的，只拿误工补贴。现在不再收粮派款了，村干部主要工作是服务，那么现在需要建设一支正规化的村干部队伍，还是保持一支半正式的村干部队伍？这是一个可以讨论的问题。

以正式对非正式，以规范对灵活，以科层对细碎，就必然会出现各种问题。

通过正规程序与制度来解决细小琐碎的事务，办事留痕的免责机制，造成应对细小琐碎事务和应对小概率事件的高行政成本。

过去，村干部工作好坏由他们是否完成上级硬任务来进行评价。现在，村干部工作好坏由相对软指标的群众满意度来评价，这时，村干部办事留痕的免责机制、自证清白的机制就变得十分重要，但效率不高。

2017 年 5 月 30 日

基层治理需要有自主权

取消农业税前,为了调动村干部协助完成收粮派款、计划生育等任务的积极性,乡镇一般都会给村一级较大的自主权,尤其是给村一级一定的"搭车收费"、处分集体资产的权力。部分村干部有了自主权,就会借完成国家任务的名义加重农民负担,变卖集体资源,高息借款完成上缴国家税费任务并从中谋取好处。在20世纪90年代中后期,农村基层社会乱象丛生,农民负担沉重,干群关系紧张,村级债务爆炸性增长,"三农"问题骤然成为党和国家不得不直面的重中之重的严峻问题。

取消农业税以后,国家不再向农民收取税费,强制性计划生育工作也告一段落。国家不向农民收取税费,乡镇也就不需要村干部协税,乡镇也就不用让渡利益来调动村干部协税的积极性了。村干部不向农民收取税费,也就不必与农民"打成一片",挨家逐户上门收钱,农民也就没有机会在村干部来收钱时威胁他们——来年若不能解决抗旱问题,就不缴税费。农民失去了胁迫村干部的手段,村干部也就懒得再组织冬修水利。如此一来,乡村之间以及乡村与农户之间的关系呈现"悬浮"状态,农民生产生活基础设施的内生建设能力大幅度下降。

取消农业税后不久,国家开始加大向农村扶持的力度。因为国家向农村转移资源大都不通过乡镇,而是通过"条条"主导,以项目制或者"一卡通"的形式将资源直接转移到农村。如土地整理、小型农田水利工程（简称"小农水"）、乡村道路建设等各种惠农项目，又如农业综合补贴、新型农村社会养老保险、新型农村合作医疗等。

国家向农村转移资源越多，越要考虑资源使用的安全和效率，就要制定严格的使用资源的规范与程序，也就要有更多的督查。为了更加规范地使用国家资源，越来越多的复杂制度出台。2014年开始，农村实行精准扶贫，为了防止扶贫资源的滥用，国家对每一个贫困户建档立卡，并在此基础上建立全国扶贫信息系统，对资源使用进行严格管理。

取消农业税前，村干部是不脱产干部，拿误工补贴，误工补贴由向农户收取的"三提"来负担。取消农业税后，国家为村一级提供村干部报酬和基本办公经费。最近几年，越来越多的国家资源输入农村，为了规范资源使用，村干部的工作越来越繁重，程序也越来越规范。

在基层治理现代化、村级治理规范化下，当前全国农村村干部的主要工作是应对上级要求。填报数据、整理资料、应付上级督查等占据了村干部大部分工作精力与时间，真正为农民服务的时间越来越少，村干部成了乡镇的下级，村委会成了乡镇政府派出机构，丧失了自身活力。

为了使输入农村的资金安全有效使用，上级对资源使用进行了严格程序化管理。村干部每使用一笔自上而下转移的资金，就要完成一套繁杂的程序化的流程，以证明自己合理、合法、合规地使用资源或资金，就要采取符合上级要求但未必符合本地实际的方式来开展工作。比如，上级要求村干部每天必须坐班。而实际上，坐班时间几乎没有村民来找村干部办事，反而是半夜三更出现突发事件才找村干部。

中国农村地域辽阔，不同地区情况千差万别，虽然国家自上而下向农村输入的资源是一样的，如何有效使用、如何与农户结合最有效，则是有差异的。

农村社会本身十分复杂，过于规范就会限制村干部的主体性与主动性，村级治理就会缺乏活力。当前，国家资源下乡，上级对基层治理的规范化尤其注重过程管理，注重防止村干部滥用资源。问题是，如果上级对村干部限制太多太死，村级组织就一定会丧失活力，村干部没有了主体性和主动权，也就无法有效应对农村社会各种不规律的偶发的细小琐碎事务。

从这个意义上讲，当前中国基层治理收得太紧、管得太死，出现了较为普遍较为严重的"一收就僵"的问题。

解决"一收就僵"的办法就是再放一放，松松绑，给基层一定的自主权，尤其是给村一级一定的自主权。至于基层干部有了自主权就乱作为，甚至腐化贪污，则可以再收一收，再具体问题具体分析具体解决。

基层治理的原则，是一方面必须将基层干部的权力关进制度和规范的笼子里，另一方面这个笼子又必须要有一定的自由空间，让权力的行使能够有一定的主动性、积极性和灵活性。这就好比防火一样，多么严密的防火措施都无法预防所有火灾，所以还要有一个救火的预案。以绝对不发生火灾为目标的防火措施，其成本可能会高到无法承担。

同样，我们一方面要防止村干部等小微权力腐败，另一方面也不能将村干部所有自主性的权力都限制住，而应当让村干部有一定自主行使权力的空间。如果村干部自主行使权力时谋取私利，可以出现一例查处一例。在防止村干部小微权力腐败与保持基层社会活力这两个方面，就像防火与救火一样，要有一个平衡与互补，不能绝对化。

2018年10月4日

监督下乡

取消农业税前,基层干部最重要的一项工作是从农民那里按时足额收取税费。因为农户分散且收入有限,税费收取并非易事,经常会出现拖欠税费的"钉子户"。国家很难甄别拖欠税费的农户到底是缴不起税费的贫困户还是不愿缴税费的"钉子户"。向农户收取税费难度很大,成本很高。为了降低收取税费的成本,地方政府倾向将税费任务包给村干部——只要没有明显违法乱纪,能及时足额完成税费收取任务的村干部就是好干部。上级对村干部的考评很简单,就是按时完成上级交办任务,不违法乱纪。至于如何完成任务,如何开展工作,如何回应村民诉求,具体过程并不重要。这个时期的基层治理具有很强的结果导向的特点。

取消农业税后,国家不再从农村提取资源,反过来开始大规模向农村输入资源。因为不再要求村干部协税,就不存在以是否完成协税任务来考评村干部的情况。考评村干部的关键就变成了保证国家输入村庄资源的安全性和有效性。一方面,国家向农村输入资源,尽可能不经过村干部而直接通过"一卡通"到户,或由"条条"立项通过项目制输入资源进行建设;另一方面,总有一些输入农村的国家资源必须经过村干部之手,其中最具代表性的就是农村低保。

为了保证输入农村资源的安全有效,上级很快就对如何分配资源进行了规范。其中典型的就是H省D市"四议两公开"制度。"四议两公开"的核心是，涉及公共资源的分配，必须符合规范和程序。程序不正规，决策和分配就无效。此后，全国各地学习"四议两公开"的经验，按程序决策达成共识。一件事情无论做得好坏，必须先要程序到位，要符合规定程序。这就成了程序下乡和规范下乡。

与国家资源程序化和规范化同时下乡的还有监督下乡、督查下乡。基层工作做得好不好，国家资源使用是否符合程序，是否精准到位，要由上级来监督和考察评估。随着越来越多的国家资源下乡，就有越来越频繁的督查下乡。国家进一步决定建设服务型基层组织——在村一级建设党群服务中心（办事大厅），要求村干部坐班为基层群众服务。之前不脱产的村干部不得不开始坐班。

国家资源下乡越多，下乡的规范与程序就越多，下乡的督查也就越多。为了防止基层干部挪用贪占国家资源，利用权力谋利，所有下乡资源都有规范和督查，这些规范和督查都是"一票否决"的——试想国家资源被贪占会有多大民愤！很多时候，自上而下的规范与督查在某个地方出现漏洞或缺口，全国就会来一轮紧急部署、全面检查、严格防范，全国每一个基层都查漏补缺，随之就有更加复杂的规范和更加严厉的督查。结果就是规范越来越多，督查越来越严，基层干部不得不花费更多时间来规范工作流程和应付督查。虽然这些规范、程序可能完全不适合当地基层实际，但是基层干部为了自保，也不得不办事留痕，事事按规范、程序来。基层干部办事留痕是为上级追责时能自证清白。

中国农村地域广大，不同地区情况不同，基层情况就更是千差万别。自上而下转移进入农村的资源却必须要有共同的程序、规范和督查要求。而每一个基层在实践中出现问题，就会让全国所有基层都去打规范与督查的补丁，上级每一个部门都可以向基层下达规范、进行督查。累积下来，基层治理中就有了无数的填表、整改、迎检，就有了无穷的办事留痕和形式主义。

在越来越多且越来越严厉的以防万一的上级督查下乡的情况下，基层干部主要精力用于办事留痕，填表迎检，搞形式主义，当然就很难因地制宜地开展创造性的工作。当下基层治理的逻辑是，无论是否符合基层实际，都千万不能违反程序，结果大量资源下乡后不适合基层实际，造成严重浪费。基层治理中的不合理现象变得司空见惯。

基层治理出现乱象当然让人着急。怎么办？按当前体制性的做法，就是对基层干部进行查处。国家资源下乡造成了浪费，这件事情的性质很严重，因此必须查处。上级来督查，总可以找到基层工作中的不足，也就可以对基层干部进行处分。

国家资源下乡，为民造福，出发点是好的。但是，如果基层干部的主要时间和精力都用于办事留痕，应付检查，搞形式主义，根本没有时间和精力去做因地制宜的基层治理工作时，那么基层治理就不可能搞得好。

2020 年 3 月 16 日

小寨乡的消极治理

2017年暑假,我们到某省西北部的小寨乡调研,对当地的消极治理印象深刻。

小寨乡是一个小乡,全乡共有7100余人,乡政府设在小寨行政村。虽然小寨行政村地处全乡的中心,却几乎没有任何的集镇建设,甚至连地方集市也没有,只是一个很普通的村庄——这个村庄没有商店,没有邮政,甚至没有菜市场。在村边建有乡政府驻地、乡中心小学,乡中心小学只有十余名教师和几十个小学生。因为不通公交车,农民到乡政府办事远不如到邻镇方便。

小寨乡政府有39个工作人员,其中20个公务员,19个事业编制人员。乡政府有两排平房,一个小院,两排平房有10多间房子,院子面积大约10亩。没有会议室,也未设立单独站所。实际上,乡政府的办公条件无法安排39个工作人员同时上班,因此,工作人员轮流不来上班,以便让其他上班的工作人员有座位可坐。全乡39个工作人员中只有5个工作人员会使用电脑,其他人既不会使用电脑,也没有电脑可用。据当地干部讲,如果乡干部得力,只要5人就可以完成全乡工作。

乡政府工作人员不算少,真正做事的人不多。要做的事,例如秸秆禁烧、低保、打井、兽医、种养、扶贫、计划生育、税费等事务,大多数乡村干部听之任之,顺其自然。

秸秆禁烧是当前一个时期全国农村基层工作的重点，尤其是有了卫星全天候监控，很多省区对秸秆禁烧实行一票否决。秸秆如何处理是一个大问题，农民烧秸秆与基层干部禁烧秸秆是收割季节时最为激烈的矛盾。该省西北部属于半干旱区，无霜期短，秸秆如何处理就是大问题。当地是如何解决这个难题的呢？当地乡村干部回答：上级虽然查得严，但完全禁烧显然是不可能的，乡村干部与农民达成默契——白天不烧晚上烧。虽然卫星可以监测到，但大家都烧也没有办法。2017年环保部到小寨乡督查，抓到一个妇女烧秸秆，在市看守所拘留15天，罚款3000元。该妇女不出钱，待在看守所不出来，乡村干部只能帮她出钱。

与全国其他地方一样，小寨乡的低保中有很多关系保、维稳保、政策保，低保成了基层治理中最大的乱象，农民为此不断上访，村干部也因为低保而得罪人。据小寨乡乡长讲，很多熟人向他打招呼让他们的亲友领低保，他唯一的应对办法是拖，拖两年就应付过去了，不然就会得罪人。

2013年，小寨乡想出一个办法，就是将之前所有低保名单作废，规定只有两种人可以领低保：一是年龄超过60岁的老年人，二是确诊患癌症的人。超过60岁的老年人，身体机能下降，劳动能力下降，获取收入能力下降，应当说是农村社会弱势群体，而患癌症的人更是不幸。所有人都有同样的机会成为超过60岁的老年人，也有同样的患癌可能，因此将这两类人群纳入低保，最符合农民"不患寡而患不均"的平均主义心理。只有公开公平公正，才能证明乡村干部不优亲厚友，才能得到当地农民的认可。之前因低保引发的农民上访治理难题一扫而空。

现在的问题是，这样的低保实践完全背离了实行低保制度的初衷，从而无法达到低保政策所预期的目标。这样做的结果，只是乡村干部不用做事、不用得罪人，就将国家政策应付了。

小寨乡人均耕地很多，玉米产量可以达到每亩 1000 斤。如果进行合理灌溉，每亩产量还可以提高 300 斤，关键是还可以种其他相对不耐旱的高产高附加值作物。近 10 年来，在小寨乡仅国家投资就打了近 100 口机井，每一口机井花费 10 多万元。这些机井却都没有使用，因为分散的农户根本无法组织起来合作灌溉。虽然国家有大量投资，乡、村两级却并未将国家投资与农民实际需求对接起来，即没有真正去做组织农民的工作。

小寨乡有数万亩荆棘林，很适合养羊，但因为没有兽医，农户羊只的死亡率很高。实际上，只要有一些基本的兽医知识、消毒防病知识，小寨乡农民完全可以养更多羊，甚至靠养羊致富。

显然，小寨乡的治理策略就是尽可能不让农民闹事、上访，对于难办的国家任务，简单应付。

与小寨乡村干部应付上级任务不同，浙江乡镇干部就会组成各种各样的工作小组、责任小组来调动所有乡村干部积极性，完成各种有难度的工作。

苏南乡镇又比浙江乡镇有更强的基层组织能力。原因是苏南乡镇有更强的正规化、科层化的基层组织体系，具有更强的政策执行能力以及动员村民的能力。

上海农村和南京农村的农民则通过拨打 12345 热线来反映村庄存在的问题，通过这种治理策略把冲突消灭在萌芽状态，预防可能出现的万一，维护正常的农村社会秩序。

如果自上而下的国家政策到了某些中西部地区基层，基层行政都是简单应付去执行，那么无论国家投入多少资源，都难以在乡村实现预期的目标。

而在沿海发达地区，基层行政体系强大，有能力、有效率地执行了自上而下的国家政策，从而使国家政策与乡村社会形成共振。因此，基层行政成为国家与农民关系的有效联结。

长此以往，仅仅在国家政策执行过程中，沿海发达地区与中西部地区就可能产生实践上的不同（不仅力度不同，甚至方向也有差异），从而造成两种不同的基层治理现象。

2017 年 9 月 13 日

— 社会动员的不同模式 —

东部沿海发达地区的农村有三种不同的社会动员模式，分别以苏南地区、珠三角地区和浙江农村为代表。这与三个地区工业化路径及对村社集体土地利用方式的差异有关。

苏南地区工业化是在20世纪70年代启动的，表现为集体性质的社队企业快速发展。社队企业是由村社集体出资、出劳力、出土地，且为村社集体所有的企业。改革开放后，社队企业改称乡镇企业。至20世纪90年代，乡镇企业产值占到国内生产总值（GDP）的三分之一。在20世纪90年代初，中国市场出现了产品过剩，工业品进入买方市场阶段，集体性质乡镇企业经营开始发生困难。1995年前后，苏南地区集体性质乡镇企业改制，并进入大力度招商引资阶段。除极少的例外，苏南集体性质乡镇企业不复存在。

苏南地区通过发展集体性质乡镇企业实现农村工业化的路径，留下了很多重要的遗产，主要表现在五个方面：一是工业产值远远超过农业产值，二是农民工人化，三是基础设施大幅度改善，四是大量农地用作工商业建设用地，五是形成了一个强有力的村社集体。正是这些遗产使苏南地区可以在20世纪90年代中后期通过招商引资实现经济的持续增长。

乡镇企业是集体性质的，在土地用途管理并不严格时，只要有需要，村社集体就可以在集体土地上办工业，土地使用几乎是零成本的。20世纪90年代中后期，苏南地方政府吸引的外来资本到村庄落地需要土地，村社集体将土地租给外来资本，收取租金，这个租金也是属于村社集体而不属于个体农户。村社集体获得的大量土地租金收益，主要用于建设村庄基础设施和兴办公益事业，并不分给农户。

因为村社集体收入一般受到上级监管，上级可对村社干部的工作进行考评，对村社干部有任免权，所以苏南农村村社集体经济收入越多，国家就越是可以通过村社集体来进行农村建设、服务农户和塑造社会。

总体来讲，苏南地区村社集体从土地上获得的租金收入变成了国家对农村社会的塑造能力。

珠三角地区农村的工业化是从"三来一补"招商引资开始的。按当地人的说法，改革开放之初，大量外资进入珠三角，珠三角地区的市、县、乡镇、村和村民组，四个轮子一起转，通过招商引资，吸引外资落地。掌握土地产权的村和村民组将集体土地租给外方建厂获取租金。这些租金比之前在土地上种粮食的收益要高得多。在土地上建工厂后，珠三角地区农民就不再从土地上获得农业收入，而变成依靠土地租金分红获取收入。尤其是在珠三角地区核心区，只要有土地就可以吸引外资落地，就可以获取当地平均水平的土地租金，在土地上种粮食变成在土地上"种工厂"，土地租金收入理所当然是归农民的。因此，珠三角地区绝大多数村社集体土地租金收入都用于分红，农民认为土地是农户自己的，是祖祖辈辈传下来的，土地租金理所当然要归自己，今后子子孙孙还要吃这个地租。在珠三角地区的农村，土地的集体所有就是土地农户所有的集合，这样的集体所有制基本上等同于土地私有制。而在苏南地区农村，土地集体所有制是公有制的一种形式，完全不同于农户所有制的集合。

珠三角地区农户土地属于农户的认识及土地租金必须分红的实践，使村干部变成了"集体地主"的职业经理人，这样的职业经理人受制于农民的认识与诉求，通过利益网络来形成强大的地方主义舆论与力量，从而形成地方对国家政策的倒逼。

浙江农村工业化是从家庭作坊开始的。家庭作坊开在农户家中，随着规模扩大而逐步在房前屋后搭建，在村庄闲置的仓库、闲置的学校建厂，在荒地空地建厂，直到在交通方便的公路沿线建厂。因为是私营的，所以这些突破家庭空间的私营企业占用集体土地就缺少正当性与合法性。如此一来，近年来浙江省大力度推进美丽乡村建设和环境整治，进行"三改一拆"，对非法存在的私营经济进行整顿，就未遇强有力的"反抗"。

中国农村土地属于集体所有，集体土地制度是土地公有制度。在集体土地上进行工业化，苏南地区、珠三角地区和浙江的农村发展起因与路径不同，形成了对土地利用的不同方式及土地利益分配的不同形式。总体来讲，作为生产要素，土地进入工业化中就要产生地租收益。在苏南集体性质乡镇企业阶段，土地租金收益与集体企业市场经营收益很难区分，也基本没有区分。因此，在20世纪70年代至90年代的苏南地区乡镇企业发展中，农民并未认识到集体土地用于工业化可以产生租金，他们基本上是无视了土地利益及土地权利，因此，苏南地区农村至今仍然没有土地利益应当由农民分享的意识。

珠三角地区招商引资，村社集体出租土地给外方，获得租金，土地租金收益与外资市场经营收益一开始是分开的，土地可以产生收益，这个收益要远远高于之前的农业收益。这样就造成作为土地受益人的农民有强烈的分享土地利益的诉求，之前作为公有制形式之一的集体土地所有制被农民逐步认为土地利益就是农民个体利益的集合，应当由集体的所有成员独占，其他任何人都不得分享。

浙江个体私营企业在房前屋后办厂时是不区分土地租金与企业经营收入的，之后占用荒地空地甚至在自己承包地上盖厂房也很难区分土地租金与企业经营收入，一直到企业必须要到工业园区租入厂房才得以清晰区分土地租金（含房租）与经营收入的差异。

按《中华人民共和国土地管理法》（以下简称《土地管理法》）的规定，所有建设用地都必须使用国有土地，因此，在农村集体土地上进行工商业建设，获得的土地非农使用增值收益是不合法的。不过，沿海发达地区农村农地非农使用是早在国家制定及严格执行《土地管理法》之前发生的，因此是历史遗留问题。在农地上非农使用土地所形成的超过农业地租的土地增值收益，本质上是一种再分配收益，是国家对特定历史条件下的土地收益分配状况的默认。现在国家试图通过允许农村集体经营性建设用地入市来承认这部分历史遗留土地利益的合法性。这样，在苏南地区、珠三角地区和浙江的农村，就形成了一个基于国家力量的再分配性质的土地增值收益。这种再分配性质收益与市场经营收益是完全不同的。

问题是，这种收益如何分配及其后果如何？

在苏南地区的农村，村民并不认为土地租金收入是属于村民个体的。反过来，正是国家通过再分配性质的经济将国家力量嵌入到集体经济中。苏南地区农民认为，集体经济是国家政策性的和再分配性的，所以集体经济本质上是国家的。农民承认集体经济的公有性质。珠三角地区农民则倾向将本来具有政策性和再分配性质的土地收入当作市场经营性收入，从而当成了农民私人收入，因此，他们强烈要求将所有集体收入都量化到人，分红到人。

其结果，苏南地区的集体经济强大了国家利益，珠三角地区的集体经济强化了基于农民个体的利益。

虽然苏南地区的农村普遍存在将集体农地变成建设用地的现象，却几乎没有农户违法违规在集体土地上私搭滥建。在宅基地管理上，苏南地区的农村也是相当规范的。

珠三角地区的农村，快速工业化带来土地的大量增值收益，塑造了强大的基于个体利益的群体，这样的群体就可能抵制国家，国家政策在珠三角落地时就会被转化或变通，各种违规行为普遍发生，这些违规甚至违法行为就可能造成法不责众的现象。在宅基地管理上，珠三角地区的一户多宅极为普遍，且至今仍然普遍存在私搭滥建现象。

浙江农村工业化所附着在土地上的收益一部分被个体私营企业家所得，一部分被地方政府通过罚没的形式收走，而没有留在村社成为集体收入。

从某种意义上讲，苏南地区的农村是国家通过再分配方式将资源注入到村庄集体，从而激活了村庄政治与社会，提高了国家治理能力。在珠三角地区的农村，农民认为土地非农使用的收益本来就是个体农民的集合体，他们进一步要求将集体经济量化到人，化公为私。苏南和珠三角地区的土地增值收益都有"集体"这一形式。浙江农村土地非农使用的增值收益未借助"集体"这一形式，而是直接由个体私营企业家以及地方政府来分享土地非农使用增值收益。因此，浙江富人、企业家有着极高的当村干部的热情。

浙江的村干部是不脱产的，只拿误工补贴。浙江最近几年在全省大力推动"三改一拆"等涉及千家万户的环境整治工作，进展顺利，很少因此发生群体性事件和农民上访。其中原因之一是将"三改一拆"当作自上而下的中心工作，强制要求基层完成。在上级巨大的中心工作压力下，浙江基层激活了联村干部制度，将乡镇干部工作责任下沉到村一级，由乡、村两级集中一个时期的全部力量完成上级中心工作。总体来讲，在浙江农村，乡、村两级的工作比较简单：一是完成自上而下布置的中心工作；二是解决农村社会矛盾，维持农村社会稳定。从历史角度看，改革开放以来，浙江自上而下的中心工作其实是不多的，从下至上蓬勃发展的个体私营经济使其焕发极其强大的社会活力。从这个意义上，我们可以认为，浙江农村中最为重要且有效的动员社会的力量是市场，浙江农村可以称作市场动员主导的社会。

与浙江农村有很大差异的苏南地区的农村，自20世纪70年代即有集体性质乡镇企业的蓬勃发展。乡镇企业是集体性质的，是利用集体资金和土地，由村社集体领导（尤其是村支书）来推动的。到20世纪90年代，苏南地区乡镇企业已经体量巨大，并转化为强大的乡村行政力量。待乡镇企业转制以后，政府依托已经形成的强大村社集体力量和乡村行政力量招商引资，实现了苏南地区产业升级。苏南地区农村最为重要的社会动员的力量是行政力量，因此可以认为是行政动员主导的社会。

珠三角地区农村的快速工业化得益于村社集体招商引资，发展"三来一补"企业，村社集体通过出租集体土地获得大量租金收益，村社集体通过分红来增加村社集体成员的收益，也因此提高了村社的动员能力。珠三角地区的农村最为主要的社会动员力量就是村社集体，因此可以认为是村社动员主导的社会。

这样一来，在中国东部沿海发达地区的农村就存在着三种有差异的社会动员模式：浙江市场主导的模式、苏南行政主导的模式以及珠三角村社主导的模式。

与沿海发达地区农村不同，中西部农村普遍存在社会动员不足的问题。一方面村社集体实力很弱，另一方面市场本身的力量也很薄弱，同时基层行政体系的社会动员能力又很有限。其中最典型的表现，是将作为最低生活保障的农村低保政策变成普惠型的福利，比如变成老人保。因为变成普惠型福利之后，上级低保资源的分配就符合群众的公平诉求，群众就不会上访告状。因此，地方民政部门虽然知道老人保不符合低保制度设计的初衷，但是群众满意了就不会上访，因而对乡村低保中的平均主义予以默认。在中西部地区，在缺少强大的基层行政能力的情况下，国家资源下乡往往难以达到预期效果。

在中国中西部地区的农村，当前有两种有效的动员力量：一是"村庄中的国家"的学校教育，二是全国性的市场。

当下，国家与社会之间在不同区域进行动员与联结方式是一个重要的研究课题。

2017 年 6 月 3 日

珠三角地区贿选为何减少了

2017年3月,我们到珠三角核心区的东莞市高埗镇、石碣镇、虎门镇调研,发现东莞村社集体经济十分发达,一般村社集体经济每年收入少则几百万元,多则上亿元,却很少有竞争激烈的村庄选举,更少贿选。2010年,我们曾到广州市番禺区调研,发现番禺区曾有比较普遍的贿选现象。2016年3月,我们到佛山市南海区调研时也发现村级选举中存在贿选现象,但远不如番禺区普遍。

为什么当前东莞村级选举中贿选比较少呢?

相对于全国,广东实施《中华人民共和国村民委员会组织法》的方式与全国其他地方略有差异。1998年之前,广东实行管理区制度,村民自治是在自然村即人民公社时期的生产队一级进行。直到1998年《中华人民共和国村民委员会组织法》正式颁布实施,广东才将管理区改为村委会,在行政村一级实行村民自治,由村民选举村委会干部。1999年举行第一届村委会选举,此后,分别在2002年、2005年、2008年、2011年、2014年进行了五届选举。我们调研时正在部署第七届村"两委"班子换届。

从访谈中获悉,2014年东莞村"两委"班子换届很顺利。据村民和乡村干部回忆,1999年第一届村委会选举时竞争很激烈,此后的第二届、第三届、第四届村委会选举竞争也很激烈。尤其是2005年和2008年村委会选举，很多在外做生意的本村村民回村参选，地方政府也希望富人当村干部以带动村级经济发展。不过，到我们调研时，几乎没有企业家当村干部的了。石碣镇 24 个村支书没有一个是企业家，高埗镇的情况也差不多。其中原因是，几乎所有通过选举当上村干部的企业家，因为要操心村里事情，顾不上自己企业的经营，结果往往是自己的企业倒闭了。在东莞农村当村干部与办企业之间是相互冲突的，因为东莞农村村干部是职业化的，脱产拿工资，要按时上下班。这与浙江农村是完全不同的，浙江农村的村干部是不脱产的，只拿误工补贴。

浙江农村普遍是富人、企业家当村干部，这些人愿意当村干部，是因为他们可以通过当村干部获得办好企业所需的更多的政治资源与社会关系。浙江农村工业化是从家庭作坊开始的，几乎每个村庄都有一些从家庭作坊开始成长起来的民营企业，这些民营企业不只是一个人经营管理的，往往是妻子管生产，丈夫跑市场经营。因此，一个不脱产的村干部同时又是一个跑市场的企业家，是不矛盾的，甚至是有亲和关系的——村干部的身份可以增加民营企业家的市场信用。

东莞工业化是从招商引资、"三来一补"开始的，即使东莞农村有企业家，也很少是从家庭作坊开始发展起来的，而大多是靠家庭能人在外经营打拼。一旦这个在外打拼的能人当了全职村干部，他所经营的产业大多不能兼顾，甚至会垮掉。这就是珠三角地区农村村干部与富人不同构的重要原因。富人与村干部不同构，若贿选来当村干部，贿选者就要考虑投入与回报问题。

东莞几乎所有村社集体都有大量土地租金收入。不过，正是村社集体有大量属于全体村社集体成员的收入，村社集体成员都会紧紧盯着村社集体收入，而不允许村干部从中谋取私利。在东莞农村乃至珠三角地区的农村，村社集体成员都会紧紧盯着村社集体收入的最重要原因，就是强烈的分红诉求。当地农民认为，村社集体收入是农民自己的，村干部只能守护农民的收入，绝对不允许监守自盗。一旦有人试图通过贿选来当村干部，村民立即会对这样的人产生警惕。反过来，在浙江农村，村社集体往往没有任何收入来源。在浙江农村的调研中，我们还遇到过参选村干部的人不贿赂村民，村民就不投票的情况。

珠三角地区几乎所有土地工业化了，甚至可以说，珠三角地区的经济重心是在村庄，这与全国其他地区主要经济集中在城市，农村空心化是完全不同的。因此，珠三角地区的地方政府就十分重视村级治理，尤其是针对村级换届中出现的问题会采取针对性措施。自1999年第一届村委会选举开始，东莞每一届村"两委"班子换届，市一级政府都会出台针对性文件。其中2005年第三届村委会选举中的选举办法改革对此后选举具有重要影响。

1998年，《中华人民共和国村民委员会组织法》正式颁布实施，开始在全国推广"海推海选"村委会办法。不提名候选人，只设村委会干部职数，由具有选举资格的村民在空白票上填写他们中意的村干部人选名单，是谓"海推"。若"海推"中有人获得过半数推荐票就直接当选，若没有人获得过半数票，就以"海推"得票最高的两个人为候选人竞选同一职务（比如村委会主任）。正常情况下，因为未设候选人，很少有人仅仅靠"海推"就可以直接当选，所以很可能进入第二轮正式选举。进入第二轮的两人往往实力相当，村委会选举就会具有很强的竞争性。竞选双方为了当选，不仅要争取中间票，在势均力敌的情况下，花高价买选票是当选的绝招。这样的绝招会留下严重后果。浙江农村选举采用"海推海选"制，从而激发了村委会选举的竞争与村庄派性斗争。

东莞农村为了防止"海推海选"对村庄的冲击，采用了两个策略：一是提前培养后备干部，二是民主推荐村干部人选。所谓民主推荐，即由全村党员、村民代表和乡村干部一起开会，民主协商形成一个村干部推荐人选名单（注意，这里民主协商产生的是村干部推荐人选）。反对意见特别大的人就不会被推荐，被推荐为村干部的人选一般都有民意基础，至少不会有坚决的反对者。村干部推荐人并非村委会候选人，因为东莞村委会选举也是"海推海选"制，由党员、村民代表和乡村干部共同协商的村干部推荐人选并不会印在选票上，而只是在大会现场选举公榜，让参加选举的选民参考，选民手上拿到的是空白票、自由票。一般情况下，选民都会写推荐人选票，这样，选举结果一般是村干部推荐人选通过"海推"一次性过半当选。只有极个别情况下才会有非推荐人选当选，其原因主要是非推荐人宗族势力起作用，且往往是村干部分成了两派所致。这种意外的发生率不足百分之五。

正是通过民主协商，乡镇政府可以有序地掌握村级班子换届，防止村委会选举中贿选的发生。

20世纪80年代，珠三角地区开始工业化，最快的发展时期是20世纪90年代。进入世纪之交，珠三角地区尤其是东莞市大多数村庄土地都已开发完毕。2008年全球金融危机爆发之后，珠三角地区的产业开始转移到东南亚以及中国中西部，以地租收入为典型特征的珠三角地区经济进入收缩期与衰退期。在经济快速发展、土地不断开发、物业不断建设、集体收入不断增加的阶段，珠三角地区的村干部可能会有较大谋利空间。一旦经济进入平稳发展阶段，地租收入都是公开透明的，村干部要在其中做手脚比较困难，而珠三角地区村社集体收入几乎都是地租。进入衰退阶段，物业过剩，造成村社集体收入的下降，村民分红预期却是上升的，由此对村干部造成巨大压力，村干部任何贪腐行为都可能引发村民的激烈反应。

也正是由于村干部贪腐行为会引发村民激烈反应，珠三角地区的地方政府近年不断推出各种制度来约束村干部。从 2000 年开始，东莞市就实行委派会计制度，由乡镇统一招聘会计，再委派到村。乡镇一级三资管理平台也在 2000 年建立起来。2013 年又建立了三资交易平台，2016 年建立了网上交易平台。这些制度的实施进一步规范了村干部的权力，防止了村干部以权谋私，从而也就降低了村民争当村干部的热情。

珠三角地区"三来一补"基础上的乡村工业化决定了村庄主要收入来自土地收益。在村庄集体所有制基础上，土地收益一般是相当平均的，村社集体用集体土地招商获得的租金和物业收入一定要在全体村社成员中平均分配。珠三角地区农民除集体收入的分红以外，最大的一笔收入来自房屋出租——农民在自家宅基地上建房，然后出租给外来人口居住，获取收入。珠三角地区的一户农民往往有几处宅基地，而在村社范围内，分配宅基地也一定是平均主义的，每户分配原则是相同的，所建住宅格局面积差不多，租金收入也就差不多，务工收入也相差不多。因此，珠三角地区的农民缺少经济分化。

珠三角地区村委会选举中，宗族有时也会起到作用，激烈竞选大多是因为宗族力量被激发起来了。不过，宗族是排斥贿选的。村社集体巨大的地租收入往往将血缘性质的组织力量转向成了地缘性质的组织力量，这样就削减了村委会选举中宗族的作用，同时又抑制了贿选的发生。

与珠三角不同，浙江农村的工业化是从家庭作坊开始的，浙江农村工业化中成长起来了大批民营企业家。珠三角的资本是外来的，利润也就不会留在当地。浙江民营企业家是土生土长的，他们企业的利润就留在村庄这个熟人社会之中，这些村庄中的富人比一般农民有钱，他们当村干部也不是想从村里捞好处，而是希望借村干部身份来助力自己的企业。浙江农村是我们所说"原子化"程度很高的农村（温州除外），村庄中宗族等血缘势力比较薄弱，因此富人比较容易通过利益来收买人心，以便当上村干部。

2017年4月8日

乡村治理四十年的变迁

回顾改革开放四十年来乡村治理的变迁,有利于我们更加清晰地评估当前中国乡村治理的现状,为实现有效的乡村治理提供认识基础。

改革开放前,中国实行"政社合一"的人民公社体制。在人民公社"三级所有、队为基础"的阶段,生产大队和生产队是人民公社的组成部分。

分田到户(实行家庭联产承包责任制)以后,政社分开,生产大队改为行政村,生产队相应改为村民小组。20世纪80年代开始实行以民主选举、民主决策、民主管理和民主监督为基础的村民自治,村民选举产生村民委员会,村委会是农村群众进行自我管理、自我教育和自我服务的组织。村委会干部是不脱产干部,没有工资,只有有限的误工补贴。

分田到户以后,农民有了生产经营的自主权,行政村和村民小组不再直接介入农户生产经营事务。村干部的主要工作包括政务和村务,政务工作主要指上级下达的行政任务,最典型的是收粮派款、计划生育。村务工作主要指村民自治事务,包括组织农民进行共同生产事务,调解农户之间的矛盾纠纷。共同生产事务主要是指依靠单家独户无法解决的事务,如灌溉、修建机耕道等。

分田到户以后,农户的生产经营积极性被调动起来,在短时间内极大地提高了农业产出,农民收入大幅度提高,农业效率大幅度提高。不过，单家独户的生产经营规模很小，共同生产事务必须要由村组集体来组织，村社集体通过向农户收取共同生产费以及摊派"两工"来完成这些事务，同时，包括农业税、"三提五统"在内的各种农民负担也要通过村组干部向农户收取。在农户具有生产经营自主权、农户十分分散、农业收益较少的情况下，村组干部收取税费，经常会遇到不愿交或交不起税费农户的抵制、拖延。收取农业税费成为20世纪90年代"天下第一难"的工作。

无论是农业税、"三提五统"还是共同生产费，在农业收益较少、农户分散的情况下，村组干部协助收取税费十分困难。在由村民选举产生且只有很少误工补贴的情况下，村干部显然没有收取农业税的积极性。乡镇为了调动村组干部完成各种政务的积极性，出台各种激励村组干部积极性的措施，并因此形成了"乡村利益共同体"。这进一步激化了干群矛盾，农民负担成为严重社会问题。到世纪之交，"三农"问题引发整个社会关注，成了必须解决的重中之重的问题。

2000年以后，国家进行农村税费改革，减税和减轻农民负担，并在2006年取消了农业税和各种专门面向农民的收费。实际上，进入21世纪以后，国家取消了几乎所有农民负担。绝大多数农村同时也取消了农业生产的共同生产费，取消了"两工"，代之以"一事一议"筹资筹劳。取消农业税费的同时，之前并称"天下第一难"的计划生育工作也变得简单易行：一是农民生育观念大都已经转变，二是强制性计划生育政策不再强调。

取消农业税后不久，国家不仅不再向农民收取税费，而且开始大规模向农村转移资源。转移资源的主要方式有两种：一种是通过"一卡通"直接发放到农户的农业综合补贴，以及新型农村社会基本养老保险、新型农村合作医疗资助等；另一种是通过项目制输入各种资源。无论是直接发放给农户的资源，还是通过项目由政府部门为农民提供的基础设施和公共服务，都改善了农村基础设施条件，保证了农民生产生活的秩序。问题是，国家向农村输入大量资源，却并没有提高农民的组织能力。甚至在项目下乡时，因为是由国家提供的资源支持，项目落地过程中经常会遇到钉子户借机索要不当利益。一旦钉子户成功索要到利益，其他村民也就会成为下一批索要不当利益的钉子户。国家向农村输入资源，以改善农民生产生活基本条件的项目被村民当成了"唐僧肉"，好事并不好办。国家输入资源越多，农民就越是变得"等靠要"，农村社会就越是缺少了自身造血的能力。

2007年，成都市进行城乡统筹改革时设立村民议事会，并每年给予村庄一定数额的公共服务资金，由村民议事会依据村民实际的公共服务需求来决策建设。这样一来，自上而下的资源输入与村民从下至上对公共服务的需求通过村民议事会对接，国家资源输入既可以有效回应村民需求，又因为村民议事会有能力汇聚和表达村民意愿，从而提高了农民的组织能力。最近几年，成都市每年向每个行政村投入的公共服务资金达四五十万元，村庄基础公共服务设施基本上建设完成。为了防止公共服务资金的滥用，成都市制定了越来越细致具体的公共服务资金使用规范，从而极大地限制了村民议事的作用。之前国家给到村庄的公共服务资金相当于村社集体的资源，只要经过了正常合法程序就可以在上级规定的较为宽泛的目录下面选定建设项目，现在却是作为标准的国家财政经费接受正规且专业的监管，成了变相的项目制，村民议事会也越来越成了摆设。这样一来，成都市公共服务资金的下乡就越来越难以调动农户的主动性，越来越难以提高农民的组织能力。

我们再来看谁来当村干部。

分田到户之初，农民主要收入来自农业收入，农业收入又主要来自按人均分配的承包地的农业产出。在人多地少、有大量农村剩余劳动力的情况下，决定农户收入的主要是承包地面积，按人均分配的土地承包决定了所有农户收入相差不大。

分田到户之初，农民有了农业生产经营自主权，村干部不再具体组织农业生产，同时农民收入快速提高，负担不重，农村工作相对轻松。在这一背景下，村干部作为没有工资只拿误工补贴的不脱产干部，农忙时可以兼顾家庭农业生产。也就是说，在分田到户之初，相对于一般农户，村干部家庭不仅可以获得农业收入，而且可以获得当村干部的误工补贴，因此，村庄精英愿意当村干部，村庄有能力、人缘好的"老好人"愿意当村干部。

进入 20 世纪 80 年代末期，分田到户的农业生产力释放殆尽，单家独户在农业生产中，对共同生产事务的建设能力愈发不足，且国家向农民收取的税费越来越多，"三农"问题逐步显现。进入 20 世纪 90 年代，农民负担越来越重，收粮派款、计划生育成为"天下第一难"的工作，村干部协助上级完成这些工作，不仅要花费大量的时间，而且会得罪越来越多的村民，当村干部的误工补贴却十分有限。过去的"老好人"村干部因此纷纷退出村庄治理舞台。村庄中好勇斗狠、兄弟多势力大的人因此登上村庄治理舞台，成为村干部群体的主力。这些狠人村干部为了获利而凭借暴力完成任务，在缺少强有力约束的情况下，"狠人治村"进一步加剧了农村干群矛盾，"三农"问题在很短时间内被激化了。到世纪之交，国家启动农村税费制度改革，并最终在 2006 年历史性地取消了农业税。

在世纪之交，中国加入世贸组织，成为世界工厂，城市（包括沿海发达地区农村）为农民提供了越来越多务工或经商机会。在农业收入有限、负担沉重的情况下，越来越多农村劳动力进城务工或经商，获得了远高于农业的经济收入。

取消农业税之后，之前依靠"搭车收费"来获利的狠人村干部不再有获利机会，他们很快退出村庄治理舞台，村干部再次由村庄里人缘较好且具有一定能力的人担任。不过，这个时候随着统一劳动力市场的形成，城市巨大的务工和经商机会为几乎所有农村青壮年劳动力提供了就业获利的可能。20世纪80年代至90年代，一般农户家庭收入就不再是主要依靠土地的农业收入，而是出现了普遍的"代际分工为基础的半工半耕"家计模式，即农户家庭中年老的父母留村务农，年轻子女进城务工，农户家庭可以同时获得务农收入和务工收入。年轻夫妻进城务工一年，收入可能是务农年收入的数倍。村干部虽然是不脱产的，却不可能脱离农村进城务工或经商，因此，他们的家庭收入就变成了"务农收入＋误工补贴"。误工补贴远低于进城务工收入，他们的家庭收入逐渐低于村庄外出务工或经商的农户。因此，村干部职位缺少对农村精英的吸引力，大批村干部辞职进城务工去了。

到2010年前后，农村主要有两种人担任村干部：一种人是缺少外出务工机会的中老年村民，另一种人是在农村有获利机会的"中坚农民"。这些"中坚农民"在不脱离农村的情况下，通过扩大农业经营规模、自办小作坊、当经纪人、开商店、提供农机服务、种植经济作物或承包鱼塘来获得不低于外出务工的收入，就成了当前中西部农业型农村地区村干部的主要来源。"中坚农民"当村干部，或村干部"中坚农民"化，是这一时期村干部的主要特征。

当前，全国农村由基层治理现代化来推进村级治理的规范化，试图通过为农民提供日常化、规范化服务达到农村善治，表现出来的就是村干部的脱产化、正规化、职业化，村务管理的规范化、程序化。一直以来的农村简约治理被取代了。

在人力财力物力快速流出、越来越空心化的中西部农村地区，在村庄熟人社会中，实现乡村治理现代化的村干部，是职业化、正规化的村干部还是村庄中的"中坚农民"呢？因为"中坚农民"必须要不脱产，必须要有农业收入，所以职业化、正规化的村干部必然排斥"中坚农民"，村干部正规化，就必须要为村干部提供工资以及养老保险。这就不仅涉及地方财政有无负担村干部工资的能力，还涉及在国家与农民对接的最末端，仅仅靠一个正式的治理体制来应对区域差异极大、社会事务繁复、社会需求多样以及高度机动多变的农村社会是否合适的问题。

改革开放四十年来，乡村治理发生了翻天覆地的变化，在基层治理体系与能力需要现代化的当下，回顾四十年来乡村治理变迁，也许会有助于我们更好地找到应对之策。

2018 年 8 月 5 日

基层治理内卷化

虽然国家向农村输入了越来越多的资源，但是这些输入资源的使用效率却似乎不是太高，农民"等靠要"的思想普遍。国家资源输入并没有提升基层治理能力。

国家资源向农村的输入主要有两种形式：一种是项目下乡，一种是资源量化到户到人。前者主要是中央各部、办、委、局的"条条"项目下乡，后者如农业综合补贴、农村社会基本保障、合作医疗补助。还有极少数的国家资源直接下到村社，由村社自主分配的情况。

项目下乡可以视为国家行为，即国家要在农村进行建设。这些建设是为农民提供基础设施（比如水、电、路等），是由国家自上而下进行的建设，是国家直接通过设置项目来完成，提供城乡均等基本公共服务。项目下乡就要落地，落地就要与村民发生利益的联结，也就需要村干部与农民协调利益关系，以让项目顺利落地，最终农民获得国家资源的帮扶。

国家资源量化到户到人有两种途径：一种是按相对客观的标准，比如村民超过60岁（妇女为55岁），即可纳入农村基本养老保障，每月可领70元基础养老金，再如农业综合补贴是按承包田地和种植作物面积发放的。这些补贴因为有客观标准，一般不会引发争议。另外一种是选择性或竞争性获取，比如危房改造、困难救济等。虽然也有标准，比如贫困户的确定必须精准，但是确定贫困户的标准往往很难客观。因此，在扶贫济困资源分配时容易引发各方面问题。从治理的难度来讲，有两类人的因素：一是贫困户个人的原因，比如懒惰等；二是那些对利益特别敏感且往往不讲规则的混混、狠人。

还有另一种资源下乡，就是将资源转移到村庄，由村庄集体讨论资源如何使用。这样一种资源下乡是在村庄政治动员基础上进行的，这样的资源下乡可以调动村民的参与热情。正是在使用属于全体村民的国家下乡资源的过程中，村民被动员起来，公共利益被集结起来，破坏公共利益的钉子户成为众矢之的，建立在认同公共利益基础上的认识与规范就形成了，村级治理也就有能力解决可能遇到的各种问题了。

当前的资源下乡实践中过于强调群众的获得感，没有重点从激活村庄政治、调动群众的权利与义务方面下功夫。资源下乡变成了慈善行为，变成了做好事，没有激发群众主体性的、责任感的内生动力。这样的资源下乡最多只是为农民做主，没有真正激发农民自己当家做主。我们要引导农民，成为有历史担当与主体性的农民。

国家资源下乡的过程中缺少对农民的激励与动员，要让农民有获得感，则不可避免地要与两种类型的人打交道。第一种是狠人、钉子户。他们借国家项目落地索要高价补偿，甚至为了获得本来不该获得的好处，比如低保指标、危房改造资金，威胁村干部甚至打骂村干部，比一般人更可能获得这些好处。这样的狠人、钉子户人数很少，但在国家资源下乡的过程中，他们却成了最为活跃的人，成了得好处最多的人，成了决定国家资源下乡效果与村级治理状况的关键少数。第二种人是那些困难户，其中一部分人是因为个人原因而落入困难的境地，比如酗酒、好赌、不爱劳动，或年轻时不努力，年龄大了成了特困户，成了政府重点扶助对象，成了资源下乡的主要获益者，甚至成了村庄中的特权农户。而那些靠自己勤奋劳作的农户却没有从国家资源中获取好处。这样一来，在大多数农民心中就可能产生各种不公平感。这对村庄传统价值观与秩序的冲击都是很大的。

当前国家资源下乡产生的最大弊病，是未能将农民当作具有历史担当与主体性的人，而是将农民简单地当作了历史进程中被动的受惠者。毛泽东主席曾说"严重的问题是教育农民"。教育农民是要让农民成为自己的主人，成为历史的主人，成为建设自己美好生活和创造历史的人。忽视对农民的动员，以为资源下乡只是自上而下、自外而内的慈善行为，就会造成国家资源下乡的效率递减现象和基层治理内卷化。

"为人民服务"与"为群众服务"具有显著的差异，为人民服务中的一个重要方面是对人民政治性的承认，是要让人民群众变为具有先进性和具有主体性的历史创造者。正是在为人民服务的过程中塑造了人民。在这个意义上，为人民服务是一种双向互动的过程。而为群众服务则缺少对群众先进性的要求，类似一种慈善行为，在这个过程中，群众是被动接纳的。

当前国家资源下乡有变成慈善行为的倾向，忽视了资源下乡过程中最为重要的政治动员，忽视了在这个过程中将农民（群众）变成具有政治性和主体性的人的重要性。

2017 年 6 月 11 日

国家与农民对接的三种方式

按照著名学者张厚安教授的总结，中国农村基层体制为"乡政村治"，即乡镇一级为中国基层政权，行政村一级实行村民自治。村民自治就是村民通过民主选举、民主决策、民主管理和民主监督来达到自我教育、自我管理、自我服务。当然，行政村一级也要接受乡镇领导，要完成上级交办的政务。

取消农业税前，离开村委会的支持，乡镇完成收粮派款、计划生育任务是有很大难度的。在大力推动村民自治的20世纪90年代，农民负担越来越重，干群关系越来越紧张，村务与政务之间有时会发生对立。

取消农业税前，村干部报酬和村级公共经费都是从农民那里收取上来的"三提"经费。取消农业税后，国家不再允许向农民收取税费，村干部报酬和村级公共经费均由上级财政下拨，并且国家越来越多地向农村输入资源。因此政务与村务也就不存在冲突了。村干部办理好了村务，也就完成了地方治理。或者说，村民自治有了较为宽松的条件。

取消农业税后，尤其是最近几年，村民自治似乎越来越行政化了，村干部越来越成了被乡镇政府支配的下级。其中原因之一，是村干部报酬由上级发放，而且该报酬结构是依据完成上级任务的重要性排序打分来确定的，村干部报酬甚至工资化了。村干部工资中基础工资较低，而由上级考评确定的绩效工资占到全年工资的一半左右。村干部工作的重心都围绕着上级指挥棒在转,甚至村一级正在借基层治理现代化要求村干部职业化,拿误工补贴的村干部变成了拿工资的正式干部。村干部主要职责是接受乡镇布置的任务,完成乡镇安排的工作,绝大多数的时间用于处理中心工作,上级对村干部的督查越来越严格,村干部必须随时向上级汇报工作,按上级要求整理资料、填报表格和应付检查。村级机构几乎完全成为乡镇的派出机构。村委会行政化了,村干部作为乡镇政权的代理人直接面对每一个村民。

这样就涉及一个重大的理论问题——国家与农民之间如何对接?

国家与农民对接的方式大体有三种:第一种方式是自上而下的国家行政体系直接对接每一家农户、每一个村民,第二种方式是国家对接村庄宗族利益共同体,第三种方式是国家行政体系对接作为相对独立自治单位的村社集体。"乡政村治"中的村民自治是第三种对接方式的表述。如,广东省清远市进行农村综合改革,试图激活聚族而居的自然村的力量来对接国家,可以算作第二种对接方式。如果第一种对接方式将村委会变成乡镇政府的下级派出机构,或村委会行政化,那么自上而下的国家行政体系可能就要直接面对"原子化"的村民。

第一种方式将村委会行政化,村干部报酬工资化,村干部变成乡镇政府派出的工作人员,这正是当前全国在农村基层快速推进的方式。还有一种说法就是建立服务型基层组织,即让村干部为村民提供服务。如何提供服务?服务的资源是上级拨付下来的,标准由上级确定,考评由上级进行,督查由上级实施,村委会一级并无自主权。这样一来国家就要直接面对每一个村民和农户,基层社会自治单元消失了,基层治理主体性也丧失了,村委会就不再可能是一个对接国家与农民关系的平台,国家要具体管到每一户和每个人。

第二种方式，从全国农村情况来看，宗族组织乃至宗族意识都已经缺失很久，再来重建基于宗族利益共同体的力量，以对接自上而下的国家行政体系，缺少基本条件。

第三种方式，则是实行村民自治，让村委会具有一定主体性和主动权，村委会有能力回应村民的诉求，同时又有能力完成国家布置的任务，让自上而下的国家力量（包括资源）与从下至上的农民需求在此对接，从而让国家资源变得适合农民千差万别的需求。

人民公社时期实行"三级所有、队为基础"，生产队既是生产单位，又是分配单位，所有社员参加劳动记工分，年终分配，算平衡账，从而最大限度地将农村劳动力调动起来，不仅在农业生产上，而且在教育（民办教师）、医疗（赤脚医生）、文艺（毛泽东思想宣传队）和农田水利基础设施建设诸方面都取得了成就。分田到户以后，村社集体仍然掌握集体土地收益权，可以收取"三提"和共同生产费，可以安排"两工"，并有算平衡账的权力，从而可以调动农民完成基本的公共品供给，维持基本的农业生产和农村生活秩序。

取消农业税之后，村社集体几乎不再有任何经济权利，虽然国家一再要求兴办集体事业发展集体经济，但实际上几乎所有经营性的集体事业都是不可能发展起来的。在国家向农村转移资源的过程中，村干部的自主权不仅没有增大，反而越来越变成了上级的附庸，以至于工资也由上级发放，任务也由上级安排，考评也由上级进行。

在当前国家自上而下将大量资源输入农村的情况下，如何重建具有活力的基层组织，从而建立一个有效的国家资源与农民诉求对接的平台，是当前基层治理中的重大问题，也是一个难题。

2018年10月3日

县级治理的灵魂

1956年，毛泽东在《论十大关系》中指出："我们的国家这样大，人口这样多，情况这样复杂，有中央和地方两个积极性，比只有一个积极性好得多。"县级是中国十分重要的治理单位，县级政权是一级完备政权，具备很强的统筹能力。郡县治，天下安。如果能够调动县级治理的积极性，全国地方治理就可以因地制宜，中央政策就可以有效落地，中国现代化建设就可以少走弯路。

截至2019年，中国大陆有2700多个县（区、市）。不同地区情况不同，十分复杂，每一个县都有独特的县情，每一项政策自上而下都要经由县级才能落地。政策落地效果如何，前提在于政策是否符合当地的实际。对全国，中央政策只可能是一般性的要求，落地实施就需要县级政权进行因地制宜的细化和调整。唯有如此，国家政策才可以既保持全国统一性，又适合地区特殊性。

县级政权因地制宜实施政策有两个前提：一是县级政权有因地制宜的权力空间，二是县级政权不将因地制宜变成应付中央政策的借口。如果地方都找借口来应付中央政策，对地方有利的政策就积极执行，对地方不利的政策就不执行，这样虽然地方积极性调动起来了，但是中央政策执行就存在问题了，可能造成"政令不出中南海"。

在以经济发展为中心的政策目标下，经济发展状况成为上级考评县级政权最重要的指标。以 GDP 论英雄，只要经济发展上去了，地方治理有很大的自由度和自主权。于是带来了两种后果：一是地方经济具有很强活力，以 GDP 增长为核心的"锦标赛体制"为中国经济持续高速发展提供了强大助力；二是地方治理中出现了很多乱象，不仅出现了比较普遍的官员贪污腐化、违法乱纪的行为，而且出现了地方主义倾向。

十八大以来，中央不仅通过"八项规定"严肃了党纪政纪，而且通过"拍蝇打虎"，对阳奉阴违、腐化变质分子进行了持续打击。党风政风彻底好转，干群关系大幅度改善。

十八大以来，中央加强了对地方的管理，也改变了唯 GDP 论英雄的评价标准，开始有越来越多"一票否决"的任务下到地方，如扶贫、环保、安全生产、信访、党建，这些过去相对边缘的工作任务也都变成"一票否决"的工作任务。

自上而下的中心工作到了县一级，落实时就要有相应的组织形态，这个组织形态一般是在县级设立领导小组，由县委主要领导任组长，由相关职能部门负责人任领导小组办公室主任。这样的领导小组，一个县有十几个甚至几十个，每个领导小组下设办公室，办公室设在职能部门，之前负责职能工作的部、办、委、局变成为协调全县各个职能部门共同完成中心工作的部门。结果，之前负责具体工作的各个职能部门越来越多地变成了协调部门，主要协调全县其他部门配合完成本部门的中心工作。这样一来，在上级"一票否决"的压力下，县级政权不得不为了完成上级安排的各项中心工作来配置资源，全县资源优先用于完成自上而下的各项中心任务，甚至为了完成中心任务而不得不寅吃卯粮。

随着越来越多自上而下的中心任务到了县级，县级不得不将主要工作转变为完成上级安排下来的部门工作，不得不将资源优先用于完成部门工作。结果，县级的其他工作，包括经济工作反而变得次要了。县级主要工作变成通过优先配置资源完成上级部门中心工作以免责，只要能完成上级工作，不被"一票否决"就好。诸如经济发展等工作能做好就做好，做不好就算了。

缺乏县级的主体性和积极性，中央与地方两个积极性就不存在了。从这个意义上看，当前中央应当给地方放权，以提高地方积极性。

2019年3月5日

基层治理的三重境界

城乡基层治理引发广泛关注的原因，一是城乡基层治理中出现了很多问题，二是城乡基层治理正处在快速变化中。

城乡基层治理要解决的大多是与城乡居民群众关系密切的琐碎事务，这些琐碎事务数量众多，千奇百怪，极大地影响着城乡居民的生活质量，决定着他们的获得感。为了提高城乡居民的获得感，解决他们身边的各种困难，近年来国家特别强调建设服务型基层组织，在城乡基层设立党群服务中心，由村居干部为城乡居民提供"坐堂"服务。国家在强调建设服务型基层组织的同时，也向城乡基层输入越来越多的资源，以改善民生，提供城乡均等的基本公共服务。国家还推出了各项惠民、便民工程，以提高基层组织服务基层群众的能力。

在这个意义上，基层治理的主要目标或称作第一重境界，就是为城乡基层群众提供高质量服务，基层组织要一切为了群众。如果基层组织没有为基层群众提供高质量服务，不能解决基层群体遇到的各种困难，基层治理就一定是失败的。因此，基层组织不只是为基层群众提供服务，还需要具备良好的治理能力。只有基层治理能力提高了，才能为群众提供高质量的服务，才可提供可持续性的服务。因此，评价基层治理的重点就不仅限于基层组织提供服务的好坏，而且还要考察基层治理能力的强弱。为群众服务的过程中应当同时提高为群众服务的能力，否则，为群众服务就不可持续。

以此来考察当前城乡基层治理，就会发现，虽然有越来越多资源下乡了，越来越多服务惠民便民了，但这些下乡资源和惠民便民服务却没有提高基层治理能力，尤其是没有提高基层组织的治理能力和服务能力。基层治理重心只放在服务层面，相当程度上忽视了提高基层治理的能力。比较典型的是，城乡基层社区通过花钱买服务，请社工组织来为社区提供服务，服务结束了，社工组织离开了，社区治理能力却没有任何提高。甚至因为花钱买服务，社区工作人员不直接为居民提供服务，从而减少了与居民打交道和相互熟悉的机会。在城市社区，相互熟悉本身就是一种治理资源，且正是在直接解决居民困难、接触群众的过程中提高了社区干部的工作能力。再如市长热线主要解决民生诉求，居民拨打市长热线，市长热线将群众诉求转到社区并进行督办，结果很多不合理的诉求也变成了社区工作，社区解决一例类似诉求，就会再来两例三例。这些诉求即使都解决了，看起来是为群众分了忧，提供了服务，基层组织能力却并没有增强，反而助长了社区居民提出不合理诉求的可能。在村庄，国家为农民提供越来越多资源服务民生，村庄利益敏感群体争夺国家资源。结果，国家向农村转移资源越多，村庄以"钉子户"为代表的边缘群体崛起，村民的不满情绪愈加强烈。资源下乡不仅没有提高基层治理能力，反而让基层群众产生了"等靠要"的依赖思想。

由此看来，当前基层治理过于偏重为群众服务，较为忽视提高基层组织能力和基层治理能力。只有在为城乡基层群众提供服务的过程中提高基层组织的能力，只有在国家资源下乡的同时提高基层治理能力，这样的基层治理才能算是成功的。只注重为群众服务，不注重通过什么方式服务，就可能事倍功半甚至好心办坏事。

基层事务与居民切身利益密切相关，基层治理中的各种琐碎事务需要由居民自己来解决。"清官难断家务事"，基层治理中的大量家务事只有让基层群众自己来决断，才最有效果。"一切依靠群众"尤其适合于当前中国城乡基层治理，只有将基层群众动员起来，让基层群众自己动起手建设自己美好生活，基层才能实现真正的善治。

美好生活要靠自己去创造，基层群众要有好的生活环境也需要由他们自己来建设。没有群众的参与，仅仅将基层群众当作被服务的客体，群众就必然会"等靠要"，并且胃口越来越大，站在外面指手画脚表达不满。只有让群众参与进来，让他们成为自己生活的主人，成为基层治理的主体，他们才会自己动手建设自己的美好生活。

基层治理的第一重境界是为基层群众服务，第二重境界是在为群众服务的过程中提高基层治理能力，第三重境界是组织基层群众自己建设自己的美好生活。当前基层治理实践过程中过于偏向为基层群众服务，忽视群众的主体性，没有看到群众中蕴藏着巨大的建设性力量。

如何依靠群众，如何将基层群众组织起来？这不是一件简单的事情。基层治理的第三重境界或称作最高境界，就是实现基层群众的自治，将工作重点转移到组织群众自治行动中来。

不动员群众，不组织群众，不依靠群众，基层治理肯定是做不好的。

2020 年 3 月 16 日

行政还是自治：村级治理向何处去

历史上，村级治理主要解决国家从农村汲取资源和满足农民最基本生产生活秩序的需要，村干部也就兼具国家代理人与农民当家人的双重角色。在取消农业税后，国家不仅不再从农村汲取资源，而且资源大量下乡，几乎承担了所有农村公共事业建设。与国家资源下乡同时进行的是国家权力的下乡，是国家标准与规范的下乡，也是国家监督的下乡。落实到村级治理，就是村级治理由过去的自治变成了国家行政体系的末梢，村干部成为职业，村干部主要工作不是组织动员农民建设自己的美好生活，而是协助国家将国家资源用于建设农村基础设施和公共服务。

在中国，农村区域差异巨大，农村地区乃至每个村庄对公共事业建设需求完全不同的情况下，国家几乎不可能有效满足不同地区农村和不同农户多样化的公共品需求。村级治理向何处去，是一个亟须讨论的重大问题。

中国有60多万个行政村。当前中国农村最基层的建制就是行政村，正是依托行政村建制，国家政权得以进入和渗透农村千家万户。同时，中国在农村实行村民自治，村民自治的单位正是在行政村一级。在行政村以上为乡镇基层政权，基层政权与村委会的关系是指导与被指导关系，这样一种指导与被指导关系被概括为"乡政村治"。

从历史上看，中国农村基层一直都是自治的，国家没有能力介入基层治理事务中，村庄公共品绝大部分是由村庄社会内部提供的，即所谓"守望相助、疾病相扶"。基层自治中，绅权和族权都十分重要。即使在人民公社时期，"三级所有、队为基础"，生产队是基本生产单位也是基本利益分配单位、公共福利分配单位。农民共同劳动，共同应对生产生活中的公共事务，甚至教育、医疗也是通过民办教师、赤脚医生来自我服务的，生产大队和生产队干部误工补贴同样也是从农村集体收入中领取的。正是通过集体制度，人民公社将农民组织起来，极大地改善了农业生产条件——如大修农田水利。

分田到户以后，村社集体不再统一组织农业生产，农户家庭重新成为独立的生产经营单位。不过，村社集体与农户之间仍然存在着算平衡账的关系，即耕种承包集体土地的农户必须"交够国家的，留足集体的，剩下都是自己的"。村社集体通过向农户收取费用来为农户提供一家一户办不好和不好办的共同生产事务。同时，国家向农户收取税费以及布置其他任务，也往往下达到村，由村社集体再分解到农户收取或完成。村社集体或行政村显然是一级自治单位。

在村级单位仍然具有自治性质时，这样一种自治必须具有重新分配利益的能力。村社集体重新分配利益的能力来自土地集体所有，无论是国家向农民收取税费或摊派，还是村社集体开支，最便利的办法就是将费用平摊到农户承包土地上去。在20世纪末的10多年时间里，国家向农民的摊派有点儿重，县、乡政府从农村提取资源，只关心资源能否按时提取上来，不太关心由谁来提取资源。在农民负担比较重且不愿缴纳税费时，只有那些狠人村干部才有可能收取上来税费。在取消农业税前，中国农村普遍结成了"乡村利益共同体"。乡村利益共同体进一步加重了农民负担，有的农民弃田抛荒，离开村庄进城务工或经商去了。

由于农民负担过重成为严重问题，且国家财政越来越不再依赖农业税费，进入21世纪，国家取消了农业税及各种专门面向农民的收费。同时，国家越来越明确给予农民长期不变的土地承包权，取消了村社集体向农民收取承包费的权利。取消农业税之后，农民不仅不再向国家缴纳农业税费，也不再承担对集体的义务，村社集体也就有名无实，村社集体进行平衡账的结算就变得不再可能了。

这个时候，行政村向何处去就成了问题。

国家取消农业税及附着在农业税上的各种收费，甚至"一事一议"筹集额也规定每人每年12元的上限，并且不允许强制收取。实际上全国绝大多数地区的农村也不再进行"一事一议"筹资。这种情况下，村社集体就几乎不再有任何与村民之间的权利义务关系，人民公社时期所形成的基层自治最重要的经济基础因此丧失。

取消农业税后，村干部不再可能借完成国家税费收取任务来"搭车收费"。村干部与农民关系变得松散，基层政权"悬浮"在空中。

"一事一议"筹资筹劳最典型地反映出了村社集体的困境。由于缺乏强制性，即使通过村民代表会议决定进行"一事一议"筹资，如果村民不愿意缴费，村干部也没办法。一个村民不缴，就会有更多村民不缴，结果就是"一事一议"无法进行。

取消农业税以后，相当长的一个时期，村社集体不再有能力组织村民来共同应对一家一户不好办和办不好的共同生产事务，国家也没有特殊的强制性任务要求村干部完成，加之村干部报酬普遍比较低，因此，这个时期村干部就得由那些在农村有产业的"老好人"来担任。他们有自己的家庭产业，主要时间用来经营家庭产业，村里工作兼职完成。这些村干部是真正不脱产干部，拿误工补贴——因为事情不多，待遇不高，谁当村干部都无所谓，从村庄挑选村干部不是难事。从这个意义上讲，这个时期村级治理可谓"无为而治"，村庄中也因此积压了很多矛盾，如农田基本建设长期被忽视，农田水利体系开始瓦解，农田无法耕种的情况十分普遍。

取消农业税以后，国家惠农资金越来越多，现在每年总计已达2万亿元。大量自上而下的各种惠农资金的支持，带来两个问题：一是项目落地问题，即项目落地时的利益如何分配，包括占地补偿如何确定和落实；二是自上而下到村的资金如何使用，以及如何保证资金使用的安全性。

国家为了保证资金在村庄使用的安全，必然会对使用资金的程序进行规范，国家权力越来越介入到村级治理的各个环节、具体过程。在这个过程中，村干部自主决定权越来越少，而越来越按上级的要求进行程序化治理。

近年来，基层治理由管理向服务转变。村级工作往往是季节性的，中心工作也是集中在特定时间段，因此，过去村干部只要完成任务就可以进行自家生产，村干部工作是不脱产的。现在改管理为服务，服务是日常性的，尤其是设置党群服务大厅，农村基层工作就变成了以坐班为主的工作。一旦坐班，按时上班下班，就彻底改变了过去村干部不脱产的性质。

村干部的正规化与自上而下转移资源造成的村级治理的规范化结合起来，就造成了当前农村基层普遍存在的村干部的职业化。村干部开始成为正规的脱产干部，其收入不再是误工补贴，而是基本工资与绩效，绩效与完成上级任务及考评情况挂起钩来。

村干部正规化和职业化后不再兼职家庭产业，村干部就必须要有比误工补贴高得多的工资收入。过去当村干部不脱产，误工补贴多少不是问题，现在全脱产，村干部工资高低就成为关键，否则就没有人来当村干部了。H 省为了解决这个问题，规定村支书（一般兼村主任）与乡镇副职干部同等待遇，村支书大概每年可以拿到 3.5 万元工资，比过去每年一万多元误工补贴高得多了。不过，因为财政能力不足，H 省只能提高村支书报酬，其他干部报酬没有提高。过去村支书的报酬与其他村干部相差不大，村里工作由村支书领着村干部完成。现在村支书一个人的报酬比其他村干部加起来还多，村里工作也就变成了村支书一个人干，其他村干部在一旁看。因此，有的地方顺理成章地采取两个办法：一是通过合村并组和干部相互兼职来减少村干部职数，二是逐步提高所有村干部的报酬而不是只提高村支书的报酬。

当前村干部的主要工作是完成上级安排的工作、布置的任务。虽然这些工作"一切为了群众"，都是为农民办好事，但不再是动员群众、依靠群众时，乡村社会的公共性就开始消失。

一旦乡村社会的公共性消失，村庄中就没有了基于共同利益而产生的强有力的舆论，就没有村庄积极分子主动带头，也就没有村民会主动站出来维护共同利益，包括说真话、唱黑脸以形成正气，当然也缺少因为算平衡账所产生的权利义务关系。

对于一个具有公共性的村庄来讲，或者说对于村庄共同体来讲，因为村庄是具有共同利益的，保护村庄共同利益对每个村民都有好处，村庄中就会产生出维护共同体的力量。这种力量既包括维护共同体的群体（积极分子），又包括维护共同体的规范（有时就是传统或习惯），还包括维护共同体的制度（比如人民公社时期的集体经济），以及强制性摊派公共品供给成本的法规。正是因为存在着一种超过个人的结构性力量，村庄共同体可以承担仅靠一家一户办不好和不好办的共同事务，可以低成本维持公共秩序。村庄公共性消失了，就意味着村庄再难内生组织起来维护公共秩序。

在当前中国不同地区农村差异极大的情况下，国家资源只能为农民提供城乡均等的基本公共服务，并且不能"一刀切"，而是要依据地区差异允许地方有自主决策权。不能"一刀切"，不能标准化，要求地方政府必须结合实际情况解决资源落地的问题。在地方没有主体性、农户"等靠要"的状况下，无论国家有多么大的决心，到了地方落地都有可能变成形式主义，变成应付，变成不出事也不办事。国家要为千差万别的全国农村提供标准化的服务，要大包大揽为每个农户提供无差异的关怀，这是不可能做得到的。

只有发挥村民主体性，才能调动起他们参与集体事业的积极性。首先必须让村社集体真正成为一个集体，村庄成为村民的共同体，村干部主要工作不是机械地为村民提供服务，完成上级布置的工作，搞形式主义，而是动员村民，组织村民，让村民共同建设他们自己的家园。

基层治理的关键在于动员农民。在动员农民并组织农民的前提下，就可以使村社集体变为一个利益共同体，让农民通过选举产生自己满意的村干部，并且通过制度设计，保证农民选举出来的村干部能够有干事的空间。

2019 年 8 月 19 日

合村并组的治村逻辑

H省人民政府门户网站的消息：2017年8月初，H县启动合村并组改革工作。县委反复权衡，最终决定，根据当前农村治理能力的现状，全县638个村减至323个，减少了315个，减幅约49.37%。合村后多数村的人口规模为3000~5000人，以4000人为主。据H县初步测算，本轮改革，仅村部建设资金就可节省3.78亿元，大约减少1500名村干部，减少工资性开支3000万元，两者合计约4亿元。

H县是一个农业大县。2018年，全县有150多万人口，县域面积约3118平方公里，耕地面积约220万亩。合村前，平均每个村的人口也有2000多人、耕地面积约3400亩，人口、耕地面积相当于全国行政村的平均规模。H县的行政村规模已经算是大的了。现在合并为323个行政村，H县行政村的规模就远超过全国行政村的平均规模。

那么，H县为什么要合村呢？其原因竟然是村部建设，是省里"要求所有村部3年内必须达标"，而H市则要求"2018年7月1日前，所有村部建设必须达标"。据匡算，每个村部至少需要建设费用120万元，全县村部建设共需7.6亿元。县里不可能拿出7.6亿元经费来建设村部，因为H县一年的财政总收入还不到10亿元。

2017年7月，H省和H市召开基层党建"整县推进"现场会，2017年8月初，H县即启动合村并组改革工作，在2017年10月就完成了全部合村并组工作。速度不可谓不快，效率不可谓不高。

不过，问题恰恰就出在这里。行政村是有特定历史沿革的基层建制，行政村村民是经过长期共同生活而具有文化认同的。行政村还是一级集体经济组织，典型的集体经济组织是有村级资产和村级债务的。在长期的基层治理实践中，行政村内往往形成了特定的政治生态，具有特殊的社会互动方式。行政村的基础设施也往往是村民集体筹资筹劳建设的。行政村是有历史、有传统、有文化、有认同、有村民归属感、有集体经济（包括村级债务）、有特定政治与社会结构、有爱恨情仇、有灵魂的中国农村基层行政建制。行政村这个基层行政建制是极为严肃的国家政治体系中重要的且基础的结构。

作为中国最基层建制的行政村，要了解群众情况，解决群众问题，落实中央政策，组织群众建设自己的美好生活，学界的一般性共识是行政村应当建在熟人社会的范围内。这个熟人社会中，农民之间有共同的生产生活环境，相互比较了解，村干部熟悉村民，村民也熟悉村干部。农村发生的任何事情甚至家长里短，农民的任何需求，村干部在与村民共同的日常生活中就完全掌握了，从而就有了解决问题落实政策，以及向上级反映情况的依据。中央讲，农村基层要做到组织全覆盖，工作全覆盖，其中很重要的一点是基层组织应当建在农村熟人社会这个层次上，这与"支部建在连上"是一个道理。如果基层行政建制脱离了村庄熟人社会，就不能说我们的农村基层做到了组织全覆盖，更不可能做到工作全覆盖。

合并前的行政村，一方面规模比较小，另一方面村民之间基本上形成了一个熟人社会，形成了一个有效的基层治理单元。这个基层治理单元有共同的村庄认同，有村集体的资产或债务，有共同生产与生活所形成的熟人社会网络。现在合并后的行政村，规模大了一倍，基层组织就离群众远了一倍。而合并后的行政村要形成新的村庄认同，成为一个新的熟人社会，就要经历长久艰难的磨合期，就会带来很多治理效率方面的问题。

合并以后的行政村规模太大，H县将来的村级治理对策之一可能就是不得不在行政村以下再重建一级村民组。在取消农业税之后的乡村体制改革中，H省取消了村民小组。H县合村之后，行政村人口太多，地域太广，远超过行政村正常的管理能力，因此就可能不得不重建一级村民小组，重新设立村民小组组长。即使重新设立村民小组组长，也很难弥补村干部脱离群众所留下的组织空缺。当前中国农村正处在极为快速的变革时期，各种新情况新问题层出不穷，国家也有越来越多新的政策和惠农资源输入农村，这个时候正是紧密联系农民的基层组织发挥作用、大有作为的时期，H县却因为合村而让基层组织脱离了群众，并且合村的原因仅仅是因为县财政拿不出修建高标准新村部的费用。

2015年，我曾到H县做过调研。调研中，几乎所有基层干部都强烈要求上级直面村级债务问题，认为村级债务已经成为村级治理的最大困扰。税费改革前锁定的村级债务，每村有数十万元，这些村级债务问题迟迟不予解决，导致基层组织处在"溃疡"状态。

作为农村基层建制的行政村，以下几点尤其值得注意：

第一，对现存的基层行政建制要充分尊重。现存基层行政建制是农民通过共同生产生活建立起来而形成一致的认同，因此农民有了归属感。乡村熟人社会是有历史积淀和文化内涵的，形成了村庄传统与习惯，不到万不得已不要随便撤并。任何一个行政村的历史都包含了农民群众的爱恨情仇、人生记忆，随意撤并会失去农民群众对基层组织的信任。

第二，作为基层行政建制，村级组织是国家进入农村社会的最后一级组织，是"支部建在连上"的组织，这一级组织一头联系着农民，一头联系着国家。正是村级治理有效，大量涉及群众切身利益的小事在村庄一级得到解决，社会才会安定，国家治理才会有效。村级治理十分重要的一条是基层组织必须建立在熟人社会基础上。如果基层组织都脱离熟人社会，脱离群众，就会极大地降低国家行政体系向农村社会渗透的能力，降低国家动员与号召农民的能力，从而极大地降低国家治理能力。农民的诉求无法上传，国家的惠农政策也难以下达。

第三，要调动基层干部工作的积极性。村干部最重要的工作不是坐班，不是坐在办公室等农民来办事，而是要深入群众，了解他们的需求，解决他们的问题，向他们宣传党的政策。基层组织的阵地建设必须与村干部的主动性结合起来，否则，无法提高基层治理能力。

第四，地方政府应该主动作为。地方政府要切实解决诸如村级债务等困扰基层治理的历史遗留问题，而不可继续无视。地方政府需要实事求是地解决农村基层治理中存在的各种问题。

2018 年 12 月 3 日

督查下乡的疆与界

在淮北调研时，提到了取消农业税前农村基层的吃喝风，乡村干部都有记忆。到了中午，镇上小饭店里乡村干部大多在吃喝，喝酒必有人喝醉，下午办公就随意了，很多乡村干部中午喝酒后，晚上接着喝。有一名村支书说，当年全村收取税费提留17万元，除上缴7万元以外，另外10万元都在镇上小饭店吃喝掉了。乡村干部在定点小饭店吃喝，一般都是挂账，年底一次性结清。后来村里没钱了，只好打白条，白条直到现在仍然有没兑付的。

十八大以后，中央出台"八项规定"，制止吃喝风，我与全国绝大多数基层干部一样认为"八项规定"难执行，必是一阵风。吃喝风哪里能刹得住。在"八项规定"出台前，很多干部在外吃喝搞坏身体，因此，干部也不喜欢在外吃喝。但吃喝本身好像也是工作，在饭桌上讨论工作，商量问题，联络感情，表达敬意，达成共识，做出决定，似乎又是常态。能与村干部一起喝酒喝醉的乡干部，让村干部觉得够义气，村干部当然要为这样够义气的乡镇领导卖命工作；上级领导来检查，敢于舍命陪君子，说明真正尊重领导，可以提拔。喝酒并非干部喜欢喝，而是一种根深蒂固的酒文化。中央"八项规定"不允许吃喝，难啊！

可喜的是，"八项规定"竟然真正制止了全国风行的吃喝风，不仅节约了大量行政资源，而且大大改变了干部形象，改善了干群关系，也保护了干部的身体。这样说来，一项好的顶层设计，对于改变基层治理是极为关键的。

2008年开始实行农村低保制度，起初很不规范。我在全国各地调研时也见到了很多低保乱象。比如有的地方将低保作为资源，让村干部吃低保，以补村干部报酬的不足。有农户上访，问题无法解决，就给一个低保吃吃，谓之"维稳保"。当然还有各种"关系保"。有一些地方甚至规定，凡是到达一定年龄的村民就可以吃低保，或轮流吃低保。这样一来，低保不仅没有达到"最低生活保障"的政策目标，而且引发严重社会负面影响，成为腐败高发领域，"小低保"成了大问题。因此国家对低保进行治理，大致在四个方面同时着力：一是建立大数据比对系统，规定凡是有轿车、家庭成员有拿财政工资或当村干部的，都不得吃低保；二是规定低保必须要经规范的程序，不能由村干部说了算；三是必须公开公示；四是县乡职能部门必须入户核查情况。一套组合拳打下来，农村低保成为全国最为规范的治理领域。最近几年在全国农村调研，几乎没有听到低保不规范以及低保不规范引发强烈社会情绪的事例。

前不久到广西调研，乡镇干部在热议高龄补贴的事情。按广西规定，凡是年满80岁的老年人都可以每月领取85元高龄补贴，直接打到卡上。高龄补贴显然应当补给仍然在世的老年人，若已去世就应当停发。2019年，广西某县民政局发现，每年高龄补贴人数只增不减，肯定是有已去世老年人未停高龄补贴，便将这一情况报告县纪委，由县纪委来督查这件事情。县纪委介入一查，全县竟然有几百例应停未停高龄补贴的情况，其中有三个乡镇情况最为严重。我们调研的一个镇竟然有45名已去世两三年的老年人仍然在"领取"高龄补贴。这三个乡镇被涉及的乡村干部，一律给予轻重不等的处分。村里受处分的是经手高龄补贴的文书和村支书，乡（镇）受处分的是民政干部、分管乡镇领导。我们调研的镇分管副镇长和村支书都受到了处分。镇民政干事说："全镇那么多高龄老年人，我怎么知道哪个去世？"村支书也觉得这件事情与自己无关，因为上级并没有要求随时向民政部门报告本村高龄老年人去世情况。也是因为这次处分，乡镇干部都不愿分管民政工作，村干部也尽可能少报低保户，以至于上级要求各村上报低保人数不能低于本村高龄人数的40%。

不过，经过这次纪委督查整改和处分，效果还是十分明显：第一，之前县民政局发现高龄补贴中存在的问题，曾下文要求各个乡镇自查自报整改，并追回错发的高龄补贴，乡村都没有怎么理会，认为追回错发补贴不可能。纪委一介入，所有错发补贴立即追回来了。第二，这次督查整改在全县影响很大，震动很大，可以说，经此一役，高龄补贴领域存在的不规范现象不复存在。

我们调研的县还普遍存在占用农田建房的情况。2020年，有关部门要求坚决清退违规占用农田建房以后，当地仍然有19户农户在耕地上建房并被卫星拍到，县、乡两级领导决定拆除违建，也给当地农民造成了很大震慑。

调研的另外一个镇，精准扶贫填报资料，关于贫困户的信息必须要精准，不能有任何错漏。精准扶贫对资料填报要求特别严格，有些信息填报难度比较大，且上报要求一变再变，耗费了基层干部极大的心血。相对来讲，关于贫困户的基本信息还是比较容易填报的。不过，因为填报之初不认真或缺少经验，需要填报数据又多，填报之后修改十分麻烦，以至于全县精准扶贫资料评分中的5分基础数据分全县都是零分。5分基础分竟然一分未得，这也说明当地在精准扶贫工作之初是不够上心的。这个时候强调工作纪律，上级进行督查，显然是有必要的。

调研中还发现一例典型案例：一户人家竟然先后以母亲和儿子的名义，申请了两次危房改造资金，后被人举报才发现。申请危房改造应当经由村民代表会议讨论，经过公示，且经过村委会审核，然后报村建办（村镇建设办公室）复核审批。村建办显然没有复核，村建办可以说不知道两名申请人是母子关系，村干部难道不知道？且村建办本来应当到现场复核勘察的，却没有去。在淮北一个乡镇调研，村建办主任竟然连续多年批准不符合规定农户的危房改造项目，且向农民收受好处费达数十万元。这个时候，纪委介入，督查工作，对于建立起基层基本治理秩序，是基础性的，是无比重要的。

精准扶贫中，有些数据是很难精准的。广西一名乡镇长讲，基础数据中有一项为农户会不会说普通话。如果填不会说普通话，在上级督查中如果发现农户能听懂普通话，就是错报信息。实际上，不懂普通话的农户能听甚至可以简单说一点儿，这也很正常。若填会说普通话，在督查中真正要用普通话来询问农户情况，农户可能又会词不达意。因此，地方政府在上级来督查前，就不得不将那些填写了会说普通话的农户召集在一起，进行普通话紧急培训。

农户收入计算也是一件麻烦事情。比如农户养了50只鸡，卖掉30只，每只100元，收入3000元。帮扶干部上门时，丈夫说是30只，记录在案。督查组来询问妻子，妻子说卖了20只，收入2000元，这就是数据不真实。为了防止这类情况发生，在上级来督查前，帮扶干部就一定要求贫困户家庭成员对好口径，不能随便说。一旦扶贫干部将农户家庭收入数据登记了，农户就必须要以这个登记数据为准。问题是，虽然帮扶干部登记的农户家庭收入数据是根据农户一年家庭收入计算出来的，且都是农户自己上报的，但一般农户家庭少有数字的概念，对家庭收入只有一个估计,即使帮扶干部一再提醒他们要记住上报的数字,他们仍然记不住。上级来督查,乡村干部就在旁边流冷汗。

贫困户有些数据也不是很精准。比如兄弟两个分家,一共有6亩地,一分为二,每家3亩,扶贫手册上就登记为3亩。问题是,这个3亩只是概数,因为不同耕地肥力不同,兄弟分家时,可能分到好地家庭的耕地面积就稍微减一点儿,比如2.8亩。实际上这2.8亩和3.2亩在产出上相差无几,因此登记为3亩也是没问题的。但是,从扶贫手册要求来讲,将2.8亩登记为3亩,是重大错误,是要一票否决的,这个数据错误就要扣除这一大项的所有得分。

更严厉的是关于住房保障的认定。"两不愁三保障",住房保障是关键。无论什么原因,仍然住在危房中的农户是必须要纳入贫困户中,且危房是必须要改造的。问题是危房如何认定。广西农村普遍存在墙外再涂一层泥外墙的情况,外墙有裂缝并不等于这个房子就是危房。可是,一旦上级督查组发现有农户住房墙上有裂缝,或认定为危房,就存在精准扶贫不精准的问题,然后被通报,乡镇书记乡镇长都会被免职。乡镇为了应付督查,就让县住建部门对农村每一栋房子进行检查认定是否为危房。河南一个县则干脆在上级督查前,抓紧时间将全县土砖房全部拆掉了。而实际上这些土砖房冬暖夏凉,是子女进城后年老父母最好的居所。

精准扶贫是中心工作,是政治任务,所以容不得半点儿差错。上级督查中发现一个很小的瑕疵,通报一下,县委县政府为表明态度就可能立即对相关责任人进行处分,比如将乡镇党委书记、乡镇长免职。省市督查到乡村,是跨级督查,省市督查发现了问题并不直接处理乡村干部,但省市督查中发现了问题,进行了通报,县委县政府干部绝对不可能去向省市有关领导进行解释，乡村干部就更没有解释的机会了。县委县政府对省市督查的结果只能是"照单全收，举一反三，立行立改"。首先就是对乡村干部进行处分，虽然有些被通报的问题只是小的瑕疵，甚至根本就不是问题。比如，有一次广西通报一个村两年只发展了一名党员，说"抓党建不实"，而实际上当地组织部门规定，一个村3年发展一名党员就考核合格。但只要省市通报了，县、乡、村三级都绝对不可能去解释，否则就是认识和态度的问题了。

在乡镇看来，凡是上级布置下来的工作都是中心工作，所有上级中心工作都要进行督查排名。这些中心工作不仅是县里的中心工作，而且很可能是省市中心工作，省市要对这些中心工作进行督查排名，排出红黑榜，进行通报。省市督查形式很多，包括第三方评估、两随机暗访、检查视察等。相对来讲，上级对下级的督查，下级还有解释机会，因为上下级之间毕竟熟悉，且有默契。若是跨级督查，出现问题就没有解释空间了，一次跨级督查被通报，对乡村干部来讲，可能就面临灭顶之灾。

当前基层工作中心任务泛化，且自上而下对所有工作都有严格要求，配合各级各类严格督查，基层政府几乎将所有工作精力用于防错，用于应对上级核查。而基层真正重要的实际工作，基层干部却没有心力去做。

在大量中心工作和严格督查下，基层干部没有安全感，他们不仅感觉身体累，还心累。基层干部这种做事心态，显然不正常。自上而下的督查可以规范基层治理，因此很有必要，但是，过泛的督查也可能成为问题。督查也应有限度。

2021年5月16日

二 基层党建

一、乡村干部与机构

党建领航与村庄善治

湖北通城县横冲村是一个有名的先进村。之前横冲村负债多，干群关系紧张，村部连办公室也没有，村"两委"借民房办公。2010年在东莞做生意的袁书记回村担任村支书，想为群众做事，也为群众做了很多事，获得了群众好评。连续多年横冲村群众对村支书的满意度列全县第一。省市暗访组到横冲村调查也是一致好评。

袁书记是怎么将一个干群关系紧张的村变成一个干群关系和谐先进村的呢？袁书记的办法就是抓党建，开展做好事"4+1"服务承诺行动，即村干部每月至少要为群众做四件好事，一般党员每月至少要为群众做一件好事。每月一次的全村党员会上，每个党员干部都要报告本月为群众做的好事。袁书记说："你真正为群众服务，群众的眼睛是雪亮的。"

横冲村有50多名党员，在村的党员30多名。干部和党员为村民所做好事主要是生病送医院、代购物品、调解纠纷、打扫卫生、照料老人、接送小孩等日常事务。所做的好事都是村民身边的事，一件还是两件，既实又虚。关键是每月党员大会上要报告做的好事，形成了一种氛围，塑造了干部和党员不混同于一般群众的形象。在党员大会上也可以对干部党员中存在的不良现象进行批评。

横冲村每月一次党员大会，不只是每个党员要讲自己本月所做好事，还要议事，开诸葛亮会，村里大大小小的事情都要通过党员大会议一遍。

村民知道村庄大小事情都要由党员来议，党员有责任，也感到光荣，党员自然就有参加党员会的积极性。横冲村每次党员会都要开很长时间，开党员会不是走过场，而是真开，真讨论，将务虚变成务实，通过抓党建来推动工作。横冲村每月党员大会必须要兑现做好事"4+1"服务承诺，会议内容本身就很务实。

横冲村将党员大会虚实结合，50多名党员家里都要挂上"共产党员户"的牌子。这个"共产党员户"既是荣誉又是责任，不仅是党员本人，而且家属也会受到村民监督。党员及家属做得不好，村民会尖锐地批评。有一个老党员的丈夫将垃圾倒在河沟里，有村民批评他，他辩解说别人也都将垃圾倒在河沟里了。村民就说："你是党员户，你要是将'共产党员户'的牌子摘下来，就没有人说你的不是了。"老党员一听，夫妻俩下到河沟将自己倒的垃圾和其他人倒的垃圾都捞了上来。

有干部党员带头了，村干部在每个屋场（村民小组）召开屋场会（湖北多丘陵，村民集中居住的地方称作屋场、村湾，因此叫作"屋场会"），讨论与屋场公共事务有关的各项事务，就容易开得起来。每个屋场会都有村内的各种公共事务需要有屋场群众集体行动。召开屋场会，让群众发表意见，达成共识，群众就自然而然地参与到公共事务中来，公共事务就容易筹资筹劳，公共事务也就好办了。

2019年，袁书记听说县里有美丽乡村建设项目，第一个项目是东山屋场项目开园。他组织横冲村屋场党员群众去参观，回来当晚就召开屋场会，成立村湾理事会，自筹19.4万元资金，主动拆除废旧房屋、平整场地，然后到县里汇报申请立项。县委第二批美丽乡村建设项目就在横冲村落地了。

横冲村有20多名退伍军人，多半是党员。袁书记设立了退伍军人荣誉室，将退伍军人的力量充分调动起来，这些人就成了村庄建设中的积极分子，村庄公共事业建设自然而然变得容易了。

党建领航，将党建工作贯穿到每一件工作中去，农村工作就容易做好。党建领航最重要的是让干部、党员不混同于一般群众，必须要有先进性，要起带头示范作用，要有精英意识。党员是责任，是荣誉，是须吃苦在前享受在后的。横冲村不仅将干部、党员组织起来了，而且将退伍军人也组织起来了，村庄有了一群积极分子，就可以在村级治理中起到带头示范作用。

让干部、党员不混同于一般群众，当然不能只是开会提要求，更不能只是走过场地搞党建，而应当与具体工作、要求结合起来。横冲村做好事"4+1"服务承诺，让每月一次的党员大会变得务实。党员带头，干群关系良好，屋场会等深入广泛动员村民的会议就容易持续，村庄治理自然就变得容易了。

横冲村党建领航之所以成功，有三个方面的原因：第一，通过做好事"4+1"服务承诺，让党建变实，使党员干部不再混同于一般群众。第二，每月一次的党员大会都有结合本村工作的实质内容，而不只是简单学习文件走过场。第三，将党建落实到具体工作中，尤其与屋场会结合起来，动员村民参与到村庄公共事务中。

与横冲村不同的是，全国大多数村一级党建陷入了填表、留痕、整理资料的境地。因为上级重视党建，要经常性地检查，村支部机械地按上级要求组织党员开会、学习，形式多，走过场，党建越来越虚，成了会议党建、资料党建。村级党建主要目的是应付上级检查，却并未真正将党员动员起来。

上级越严格的检查制度，基层就越艰难的应付，因此耗费了大量基层治理资源，以至于村干部大量时间在村部做文字材料，应付检查，却没有时间去真正接触群众，了解群众，引领群众。在基层治理中脱离了群众。

横冲村党建为农村基层党建提供的重要启示，就是党建需要抓手。横冲村党建最大的抓手，就是村干部和党员长期坚持做好事"4+1"服务承诺的行动。

2021年4月12日

山东招远党建示范区

2019年暑假,我们到山东招远市调研了农村党建示范区的做法,值得进一步探讨。

2017年,山东招远市党建示范区建设提出全域城市化战略。既然全域城市化,城乡公共服务均等化就必然提上议事日程。因此,招远市在市委办下设社区,在介于镇与村之间的工作管理区一层设立社区,由乡镇站所工作人员轮流下沉到社区为农民提供社区的各类公共服务。不过,社区仅试运行一个月就难以持续,其主要原因是乡镇站所工作人员即使下到社区为农民提供公共服务,也无办理服务的权限——服务职能没有下来,到社区提供服务的站所人员既无签字权,又无权盖章。由于站所人员去社区提供服务,农民到站所又找不到人办事,因此,由社区提供的公共服务被叫停。

经过研究,招远市委决定由组织部牵头公共服务下沉的工作。一方面重新组织公共服务下沉的载体——将社区改为党建示范区,以党建来统领公共服务下沉和基层治理工作;另一方面对全市所有涉农公共服务进行清理——凡是可以下放的公共服务全部下放,不能下放的也实行代办,从而在党建示范区形成"1+94"项公共服务职能。目前,招远市已在全市四分之一的工作管理区建立了党建示范区。

只有了解招远市的工作管理区,才能真正了解招远的党建示范区。

二 基层党建 乡村干部与机构

中国基层治理体制是从人民公社体制演变而来的。人民公社实行"三级所有、队为基础"体制。人民公社政社合一,既是基层行政组织,又是基层经济组织。人民公社解体后,撤社建乡,之前的人民公社改为乡镇政权,生产大队改为行政村(村委会),生产队改为村民组。从全国情况来看,生产队(村民小组)规模都不大,一般50户200人左右;生产大队(行政村)规模在三五百户1000人左右。人民公社范围也经过多次调整,有大人民公社和小人民公社的称谓,改为乡镇人民政府后又有大乡和小乡的差异。从建制上看,人民公社解体以后,在县以下的行政建制只有乡、村、组三级。乡镇一级为基层政权,行政村一级实行村民自治,行政村之下仍然保留由生产队演化而来的村民组。

而实际上,从全国情况来看,即使是人民公社解体以后,乡镇基层政权下面还往往有一个派出机构叫作管理区(或片,或党总支,或工作管理区),然后是行政村和村民组。管理区这个层次往往是农村市场圈的范围,也往往与小人民公社范围重叠。全国乡镇平均规模在三五万人口,管理区的人口规模则在一万人左右。一个管理区下面通常有5~10个行政村,每个行政村下通常有10个村民小组。一般情况下,在同一地区,乡镇、村和村民小组的人口规模都差不多。除非出于地理原因,比如山区乡镇一般人口比较少,辖区面积却很大;平原乡镇辖区面积小,人口规模却可能比较大。

从全国来看,山东招远算是一个特例,主要就是行政村普遍规模小,且行政村的规模差异非常大,甚至当前仍然有大量一两百人的行政村。因为行政村规模普遍较小,一个乡镇就有为数众多的行政村。行政村太多,乡镇政权管理不过来,就普遍保留了管理区这一设置。全国大多数省、市、自治区则在取消农业税后,取消了管理区这一设置。

我们调研的招远市张星镇是 2001 年由两个乡镇合并的，合并后共下辖 91 个行政村。乡镇合并前，乡镇下面设片，合并后改片为工作管理区，全镇分为 6 个工作管理区。

合并前的片是按序数称作为一片、二片等，合并后的工作管理区则按所在地域中心村命名。我们调研的是王家工作管理区，其中心村就是王家行政村。

工作管理区没有驻地，而是在镇政府办公。工作管理区的工作人员构成，一般都是一名包区的乡镇领导，一名专职区长，几名专职区员。每个工作管理区在镇政府办公大楼有一间办公室，且有一辆属于工作区的专车。一般情况下，工作管理区工作人员在上班时间到镇政府领取任务后再下村工作，绝大部分时间都在村里工作。工作管理区主要任务就是督办指导行政村的工作。

取消农业税后，乡镇要求行政村完成的各项任务其实不多，因此，工作管理区的督办指导任务也不重。近年来，政府越来越强调基层工作要由管理变服务。随着越来越多国家资源下乡，如何保证国家资源的安全就成为问题，如何为农民提供服务，尤其是为农民提供便利的公共服务的职能就变得更加重要。

正是在这个背景下，招远市开始探索社区制度，即在工作管理区的中心村建社区党群服务中心，为农民提供就近的公共服务，解决农民来办事"门难进、脸难看、事难办"的问题。

2018 年开始，由市委组织部牵头，招远市在由工作管理区演变而来的社区建设基础上推行党建示范区建设。相对于之前的工作管理区，社区建设一开始就将工作机构下沉到中心村，其中相当部分的社区已由财政投入建设了面积巨大、设施完备的社区服务中心。仅 2018 年招远市就投入一个多亿建设了数十个社区服务中心。一般一个社区服务中心要投入600万元，设"一厅一校十三室"。"一厅"就是办事服务大厅，"一校"就是党员学校，"十三室"是13个功能室，并由市财政专门为每个党建示范区每年下拨30万元的工作经费——原来工作管理区是没有工作经费的。

按照招远市委组织部的设计，党建示范区有三大职能：第一项职能是管理职能，即之前工作管理区的职能；第二项职能是服务职能，是新增职能；第三项职能是关于发展的工作，主要是为区域的产业发展提供谋划和服务。服务职能主要包括两项：一是公共服务事项下沉（1+94），二是文化生活类服务事项下沉。前者主要是为农民提供就近来党建示范区办事的便利，比如盖章、审批等，招远市叫作"1+94"，其中"1"是指为村民提供盖章服务。"94"是指48项基本公共服务和46项信息咨询服务。基本公共服务又分为可以直接办理项目和代办项目。直接办理项目由市委组织部对全市所有涉农公共服务项目进行梳理——凡是可以将签批权下放的一律下放，不能下放的也允许由党建示范区代办。文化生活类服务事项下沉则是依据当前农民文化生活需要，为农民提供文化生活服务。

应该说，党建示范区与工作管理区最大的职能差异就在于增加了服务职能，这与当前基层治理由管理职能变为服务职能的总趋势是一致的。

党建示范区与工作管理区的另外一个重大差异，是党建示范区落地到了中心村，而不是在镇政府办公。只有落地到中心村，党建示范区才能更好地为农民提供近距离的公共服务。

党建示范区不仅有完善的设施和办公场所，充足的工作经费，而且有比工作管理区更多的人力配备。以王家党建示范区为例，仅服务大厅就有9名工作人员,其中2人为王家村村委会干部(与示范区合署办公),党建示范区副区长1人,一般工作人员3人(1人为专职代办员,2人为镇政府工作人员,全职在示范区工作),3名公益岗(均为退役军人)。此外,示范区还有党委书记1人,由镇党委领导兼任,非专职;有专职区长1人,不在服务大厅坐班。

王家示范区共有13个行政村,最大的行政村就是王家村,有500多户1000多人,最小行政村只有80多户200多人。整个示范区有9200人。

在建立党建示范区的同时,王家示范区成立了党委,13个村的村支书都是示范区党委委员。之前工作管理区是不设党委的。示范区党委至少每两周要开一次党委会,全部村支书都要参加,一起讨论示范区以及各村发展的重大事项。

显然,党建示范区不仅将之前的管理在地化为农民提供服务,而且通过实体化党委运作提高了内部整合能力。

招远市党建示范区建设的实质,是在全域城市化战略下,在基层治理由管理向服务的转变下,国家向农村输入大量资源,基层建制如何适应新形势,因此招远市委组织部牵头建设党建示范区。之所以叫作党建示范区,是由之前工作管理区到党建示范区,涉及若干适应时代要求的实质性权力结构和资源配置方式的调整。在当前县、市级,只有市委组织部才有这样的统筹改革能力。党建的实质其实是基层建制问题。

仅就招远市农村基层情况来看,党建示范区建设有如下必然性:

第一,相对于工作管理区,党建示范区在中心村落地办公,建农民办事服务大厅,为农民提供就近公共事务办理或代办咨询服务,适应了当前中央提出的基层治理由管理到服务的转变。之前工作管理区主要工作是上传下达，布置工作，监督村干部完成上级任务，现在党建示范区主要职能是就近为农民提供公共服务。因为招远市行政村规模太小，将公共服务集中到党建示范区这一乡镇与行政村之间的层次是比较合适的。

第二，党建示范区通过建立示范区党委，将辖区内所有行政村的村支书纳入党委中，每半个月召开一次党委会，平时也有大量工作要共同研讨，就比较好地解决了过去镇、村两级脱节的问题。过去村干部到乡镇参加会议，无论是否听明白，后面都缺少与乡镇干部面对面接触的机会，因此距离政策比较遥远。现在在示范区里，乡镇干部下沉到村庄，天天与村干部在一起，与村干部打成一片，解决了政策下乡"最后一公里"的问题，将政策真正送到了村庄。

第三，示范区在中心村落地以后，村干部与村民在一起的时间更多了，容易了解农村新情况和农民新需求，就可能为农民提供适合他们需要的社会化服务。能随时发现农民的需求，从而将自上而下中央转移的资源精准配置到农民需求上。比如王家村党建示范区规划建"四点半学校"和托老所，就是要精准对接农民需求。

第四，党建示范区通过党委将辖区内行政村统合起来，不仅可以相互交流治理经验，形成"比学赶帮超"的氛围，而且可以逐步形成一体化的治理空间，逐步形成行政村之间的治理协同。尤其是在当前农民城市化、农村空心化的背景下，党建示范区建设就可能进一步实体化，从而形成适合未来形势的基层治理结构。

从这个意义上讲，当前招远市以工作管理区为基础建设党建示范区，实质是在新形势下恢复了管理区这样一个基层设置。在行政村和乡镇政权之间的这样一层设置，叫什么并不重要，重要的是，新时代中国农村有什么样的基层行政建制最能适应农村发展的需要、农民生活生产的需要，以及基层治理的需要。

在由管理农民向服务农民转变的大背景下，将为农民提供服务的基层建制落在哪一个层面，确实是一个需要探讨的问题。例如，广东省清远市将建设重点落到村民小组一级，村民小组往往也是自然村，也是农民聚族而居的单位，这一级容易激活和调动农村内生组织资源，但问题是自然村规模太小，人口太少。湖北省将重点放在行政村一级，仍然感觉行政村缺少规模，故而推进村庄合并。湖南省也试图通过村庄合并来达到基层服务型党组织的合理规模。可是，无论是湖北省还是湖南省，村庄合并后都产生了很多问题。

山东农村行政村规模差异极大，且行政村规模大多数偏小，因此，山东省一直在乡镇与村之间存在着"片区"（工作区）。招远市将建设服务型基层组织的重点放在"片区"这一层级是很有道理的。

2019 年 8 月 15 日

"党总支"为什么有效

中国农村基层政权是乡镇政权，基层行政建制则是行政村。行政村实行村民自治，村干部不是国家干部，而是由村民选举产生的不脱产干部。当前中国大约有3万个乡镇，60万个行政村，平均每个乡镇的人口3万~5万，一个乡镇大概有20个行政村，每个村1000~2000人。当然，全国不同地区乡村规模差异很大，大的乡镇人口超过10万，小的乡镇人口只有几千人。村的规模差异也很大，最大的村人口超过1万人，最小的行政村可能只有几百人，甚至一两百人。

新中国成立以来，在乡镇与行政村之间一直有一个非正式的设置，不同时期、不同地区有所差异。这一级非正式设置，人民公社时期就是公社，现在的乡镇往往是几个公社合并而来的，或是由过去的区公所改过来的，有些地方就叫作小公社。人民公社解体以后又叫作管理区、经济发展片、党总支等。取消农业税后，大部分地区撤销了这一层级，后来有的地方又恢复了，多数地方没有恢复。2005年，我们调研的武汉郊区撤销这一层级以后，又在2011年重新恢复，基本上是一个集市圈的范围，人口大约1万，有5~10个行政村。

无论是叫作管理区，还是叫作党总支，这一层级显然是非正式的、临时性的、制度化程度比较低的设置，是乡镇基层政权的派出机构，可大可小，可撤可建。工作也相对灵活，尤其适合于服务某个时期的中心工作。当然，建制一久就会承担各种常规性工作。非正式性和灵活性应当是这一层级的重要特点。

乡镇对行政村的管理或指导，通过设置管理区或党总支这样的派出机构是比较通行的办法。另外一种办法是由乡镇干部包村，每个或多个乡镇干部包一个村，负责这个村各项工作的指导与落实。浙江农村把包村干部叫作联村干部。还有一些省（市、区）将包村干部按所在片进行划分，每一片安排一个乡镇领导来联系，就形成了一个较为松散的基于包村的分片管理体制。比如20个行政村分为东、南、西、北4片，东片5个村的包村干部和安排对接东片的乡镇领导就形成了一个片区，工作就可以协调。这样一个片区介于管理区和包村干部之间。

无论是管理区、包村干部还是党总支，都是乡镇一级为了管理便利而进行的设置。新中国成立以来，在乡镇和行政村之间反复出现这样一个中间层级的设置，说明这一设置具有合理性。下面以武汉郊县H镇的调研为例来说明。

H镇一直是有管理区这样一个层级的。2002年H镇与邻镇合并，组成一个有11万人口的大镇。之前两个镇各有4个管理区，合并以后就有了8个管理区，51个行政村，另有两个社区，共53个村居。2006年取消农业税后，武汉市郊县所有管理区一级都撤销了。之前管理区干部主要是乡镇"七站八所"的工作人员，撤销后就回到各自站所。2006年，湖北省进行了"七站八所"的"以钱养事"改革。撤销管理区以后虽然不再收取税费，但计划生育仍然是"一票否决"的硬任务，乡镇直接管理行政村，因为管理幅度太大以及乡村之间相距遥远，力不从心。不设管理区还是很不方便管理。2008年，乡镇便在之前几个管理区的基础上设立了8个工作组，分片负责，工作组成员都是兼职。3年来，效果不好，主要是兼职工作效果差。2011年，迫于计划生育工作的压力，正好这一年村委会换届也需要指导，H镇重新设立管理区这一层级，人员尽可能专职，也有了办公场所，名称是党总支，即所在片若干村支部的总支部，看起来比之前的管理区更不正式。整个H镇重新设置了5个党总支，每个党总支4~5人，党总支设在之前管理区所在地，每个党总支有5~6间办公室兼宿舍，还有专门吃饭的地方，配备有炊事员。党总支一般设1名总支书记，2~3名副书记，没有办事员。2011年设立党总支时，全镇总共只有42名行政事业干部，而党总支工作一般都是脱产全职的。为了加强党总支建设，H镇就从160名"以钱养事"人员中选聘18人进入党总支工作。目前H镇5个党总支共有22名工作人员，其中4人为乡镇正式中层干部，均担任总支书记。其余18人为"以钱养事"人员，其中一人担任党总支书记，其余皆担任党总支副书记。

从H镇的情况来看，2011年设立党总支主要是迫于计划生育工作的压力，而在设立党总支以后，乡镇大量工作都通过总支来做，极大地提高了乡村治理的效率，有效地提高了乡镇对行政村的管理能力，以及更好地完成了自上而下的各种行政任务，比如农村土地确权、村庄环境整治、精准扶贫、维稳、村级组织建设、基层党建工作等。党总支在乡村治理中的作用极大，以至于当前有的乡镇将党总支常规化设置。

党总支为什么有用？可以从两个方面来讲：

第一，乡镇管理幅度太大，乡镇党委书记和乡镇长很难认识所有村干部，甚至与一些村支书都不是很熟悉。尤其是在当前强调乡镇主要领导异地任职的情况下，乡镇党委书记、乡镇长大多是从外地调入的，在一个地方工作时间不会太久，任职期间乡镇党委书记、乡镇长甚至无法到每个村居做一次调研。而分成5个党总支，每个党总支只管理大概

10个村，约2万人，这样的人口数量基本上保持在传统农村市场圈范围，也是农村熟人社会最大外圈，从管理上正是一个合适的幅度。

第二，党总支管理与乡镇政权管理所用方式是不同的，正是这样一种不同，使得党总支变得重要。一般来讲，乡镇政权只是基层政权，其科层化和规范化程度在国家行政体系中是最低的，其工作方式方法中有很多不规范。不过，乡镇政权毕竟是正式的国家政权建制，各项工作都有制度规章和分工安排，有科层约束与责任追查机制，需要办事留痕，还有按政权来运转的相对复杂的制度安排和科层结构。乡镇政权规范性和程序化的程度比较高，且在基层治理越来越现代化的要求下，极大地影响了乡镇政权运转的效率，乡镇政权相当部分精力用于应对上级和内部事务处理，较少有能力主动完成对村级及村民事务的管理。除了忙于开会和应对各种事务工作以外，乡镇主要领导与村干部、村民群众主动接触的时间很少。

相对来讲，党总支是一个非正式的甚至是临时性设立的层级，党总支书记、副书记等组成人员是由乡镇主要领导依据阶段工作需要临时调派的，所调派工作人员都是具有高度责任心、熟悉地方情况、具有工作经验与能力的"中坚干部"，由这些党总支干部来管理行政村的干部，解决村民群众的问题，就可以充分利用情理法和各种地方性规范。党总支干部每天的工作不是应付上级检查，也不是在内部相互扯皮，更不是坐办公室整理文案，而是直接解决问题，且以最方便的办法手段来解决问题。因此，党总支就具有很高的治理效率。发生在基层的百分之八十的问题，在党总支层面就解决了，真正做到了"小事不出村"。

党总支书记每周一都会参加镇党委扩大会议，扩大会议也是布置工作的会议，时间半天，参加人员为镇党委、政府班子成员和党总支书记。

党总支书记参加镇党委扩大会议,可以起到十分重要的上传下达作用。

党总支这一层级治理有效的原因,归结起来:一是党总支管理范围较小,大都在原有农村集市圈范围;二是党总支的总体性治理和事本主义使得治理效率很高。

我们来看一下K党总支的实例。K党总支共有4名干部,分别是1名党总支书记,3名党总支副书记,6间办公室,管辖15个村,共2万多村民。K党总支的4名干部都是"以钱养事"人员,总支书记为镇农技站的农艺师张雄。按张雄的说法,党总支除没有收税和财政事务以外,所有工作都要做。党总支工作没有周末,每周上班7天,辖区内半夜发生紧急情况也必须要最快速度赶到现场处理。2016年汛期长,张雄有一个半月住在河堤上,几乎没有下过河堤。

2011年,成立党总支时规定了三大职责:一是计划生育,二是维稳,三是村级班子配备。很快党总支工作无所不能,就无所不做了,所有乡镇要做的工作都要通过党总支下达。各种中心工作,比如2016年农村土地确权、村庄环境整治,党总支都要参与督办、检查、落实以及调解矛盾。据张雄讲,农村土地确权时几乎所有的冲突他都参与过调解,至今几乎每天都有村民为土地确权的事情来找他调处。

党总支最难做的工作是维稳,当前一个阶段的维稳任务很繁重。群体性的维稳,比如在武汉市区开出租车、户口在K党总支的出租车司机,上了维稳名单的就有104人,其中有20多人是重点,有人多次赴京上访。维稳实行属地管理原则,户口在哪里就归哪里管理。仅2017年一年,为出租车司机维稳,张雄到武汉市区就不下50次,每次租车费用为350元,一年租车就用了近2万元。张雄对几乎所有上了维稳名单的出租车司机都很熟,对重点名单上的司机极熟,上过其家门很多次。他还去北京接访两次。还有大量历史遗留问题，因缺少证据以及缺少政策而无法解决，但也必须解释和安抚。还要面对一些老上访户、缠访户、无理上访户。虽然维稳工作党总支和乡镇村都要负责，到北京接访的钱也由村或乡镇出，党总支没有经费可以支出，但党总支具有相当重要的维稳责任。

除了维稳，辖区15个村所有重大突发事件，党总支都必须在第一时间赶到现场。张雄讲，每年总有五六起突发事件要紧急处理，其中最少有三起非正常死亡事件。每一起非正常死亡事件都会引发冲突，要花相当精力来调处，短则三五天，长则十天半月，甚至更长。即使半夜出现突发事件也必须第一时间赶到现场，手机每天24小时不能关闭。

此外，党总支工作还包括计划生育和党建工作。每年为此花费的打字费、复印费也不少。K党总支一年所有办公经费包括到武汉租车费在内为6.5万元。这6.5万元必须精打细算使用。

张雄说，党总支干部除去乡镇开会外，几乎所有时间都在各个村跑，辖区村支书说他们每周至少要见到总支书记三四次，而可能一年还见不到几次镇党委书记。几年下来，张雄已经跑坏了两辆摩托车。国家每月给他补贴400元汽油费肯定是不够的。两辆摩托车则是私人购买的。

党总支也经常要找辖区15个村的村干部开会，党总支每月最少要召集15个村支书开一次会，阶段性任务来时，一个月开四五次会很正常。我们调研期间，张雄已召集村支书开了两次会，一次是布置"厕所革命"，一次是布置党建工作。

2018年是村委会换届年。村委会换届，村级班子建设，主要责任也在党总支。张雄在K党总支工作7年，天天在村里跑，对各村情况极为熟悉。谁当村支书，谁与谁搭班子，这些事情在张雄头脑中过了一遍又一遍。因为班子配备太重要了，谁当村支书太重要了，选好一个班子就为今后工作开了好头。在考虑换届人选时，党总支当然还要走访征求党员群众的意见，将情况摸透，尤其是要物色好村支书，对不同情况的村也要进行分类指导。然后向镇党委分管领导汇报，经领导同意再由党委推荐和职能部门审查，形成初步候选人，再按程序组织选举，依法依规顺民意，其中党员的引导、指导、协商都是极为重要的。

张雄讲，党总支书记与镇党委书记不同，镇党委书记是有实权的，而党总支书记的权力和权威只能靠自己干出来，必须为村支书撑腰，协助他们解决问题。党总支书记对村干部耍滑头，村支书就不听党总支书记的了。一旦党总支书记丧失威信，指挥不动村支部，镇党委就会换掉党总支书记。

K党总支这一层级只花了极少的钱，只有很有限的干部，就将矛盾化解在了基层，减轻了乡镇工作压力，提高了乡村治理效率。实际上，不仅K党总支，H镇5个党总支工作都很不错。一旦有党总支工作落后了，镇党委很快就会调派得力的"中坚干部"去当党总支书记。

K党总支只有4个工作人员，每年经费6.5万元，6间办公室，却有效地管理着15个村2万多人口。而从全国来看，2万人的规模已经接近全国乡镇人口的平均规模了。这样我们就可以提出一个问题：如果K党总支如此之少的人就可以有效管理15个村2万多人，那么一个2万多人的乡镇能否只保留K党总支的规模呢？

针对以上问题，可以从两个方面进行讨论：

第一，党总支在发挥乡村治理功能时，乡镇并非就没有起作用，或者说，党总支正是在乡村整个治理体制中才起作用的。一些重大事情乡镇很快就会介入并最终起决定性作用，同时村一级和党总支一级解决不了的问题都要到乡镇解决,乡镇一级的科层体制具有解决大事的能力。正是在乡镇强大治理能力下,党总支才容易发挥作用,党总支将大多数日常性和突发性事务解决了,乡镇就有能力应对解决重大的疑难事务,乡镇实际上通过科层体制也解决了乡村治理中的各种常规事务,比如经管站对村级财务的代管,民政中心的低保救助与特困救助,等等。党总支作为乡镇的一个重要补充,是可以相对简约高效处理事务的。如果没有乡镇政权这个基础架构在,党总支就必须要增加人手与经费,扩大规模。一旦K党总支独立出来变成了乡镇,这个党总支的规模就必然要扩大。

第二,党总支与乡镇政权采用了完全不同的权力运作规则与逻辑。乡镇基层政权是规范运作的,具有规范化、程序化的特点,政府部门也是按科层设置的。尤其是在强调基层治理现代化,强化责权利统一和权力追责的当下,基层政权就必须要按程序化、专业化运作,就必须要进行技术治理,就必须要办事留痕,就必须要规范运作。这是典型的科层体制的特点。这样一来,基层政权内部权力关系、权力平衡和事本主义就会极大地消耗行政资源。再加上与同样科层化的上级的对接,就造成了乡镇政权相对的低效。

相对来讲,党总支处理事情简约灵活,结构扁平,事本主义。党总支干部都是不分工的,对辖区进行总体治理,以解决问题为主要目标。党总支干部长期在当地工作,对当地干部群众都很熟悉,对各种地方性规范与规则也很熟悉,解决问题方式十分灵活,几乎在解决任何事情时都有能力总体性调动资源,比如关系、面子、资源。党总支干部是在熟人社会中开展工作,既懂得国家政策,又了解当地民情,解决问题时信息成本极低,效率高效果自然就好。同时,党总支的结构特点极大地降低了体制成本，其本身的非正规设置又极大地减少了党总支必须应付的各种繁文缛节。

从某种意义上讲，党总支是通过熟人社会的群众工作、群众路线来将矛盾化解在基层、问题解决在基层，同时对村级组织的工作进行督办检查，对村级组织建设情况提出指导意见，起到了解决问题、上传下达、检查督办的作用。正是其非正规性与总体性治理，才使党总支具有远超乡镇政权的治理效率。

党总支的设置还一定程度上消弭了县、乡主要领导异地任职带来的负面影响。H镇党委张书记中专毕业后参加工作，工龄31年。1998年，他担任乡镇副职（街道副主任），2008—2018年，他担任乡镇正职（街道主任），再向上升职的可能性不大了。张书记一直在农村基层工作，工作能力很强，是一步一个脚印走过来的。作为镇党委书记，他的责任无比重大，因为出现的任何意外都要追责，追责时党委书记首当其冲。张书记因此感到压力巨大。不过，张书记认为压力并非坏事，只是他承担了巨大压力，做了很多工作，却没有人理解他，更没有人提拔他，因此，他感到十分压抑。

张书记说，领导最重要的工作是"抓班子、带队伍"，尤其是要选好把手。"兵熊熊一个，将熊熊一窝"，一个领导有思想、有热情、有能力、了解情况，这个领导就可以将一个单位搞好，就可以慧眼识英才选出好的班子，带出好的队伍。

现在的问题是，空降下来的领导太多了，这些空降下来的领导虽然对基层情况不熟悉，却有很漂亮的履历，在上面有熟人有关系，往往还很年轻，他们就极大地挤压了从基层干起来的干部的上升空间。像张书记这样长期在基层工作的党委书记，面对与空降下来的同事的竞争，感到压抑是很正常的事情。

决定张书记升迁的最重要的区委领导也几乎都是空降的。区委书记、区长、区委副书记、组织部部长、纪委书记是负责干部任免的5人小组成员，几乎都是空降而来。这些人在同一个地方任职时间长则5年，短则两三年，刚对当地情况熟悉了就又调走了。重要岗位异地任职的好处是防止拉帮结派、优亲厚友和搞不正之风，坏处是缺少对一个地方发展的长期规划，无法做到对地方情况"一切尽在掌握中"。区委主要领导在任期内对乡镇情况甚至完全不在掌控中。区委领导空降下来，不到几年又要走，从心理上对当地长远发展事业不热心，就没有认识了解乡镇干部的愿望，等到在具体工作中有了些认识，又要调走了。区委主要领导不能"抓班子、带队伍"，不能正确选人用人，就会对地方工作造成不良影响，地方干部就会感到压抑，工作就很难做好。

张书记也是从另外一个乡镇调过来任职的，好在他一直在基层工作，对基层情况十分熟悉，可以很快进入工作状态，并且有很强的做好工作的愿望。不过，张书记同样很难真正做到对乡镇辖区几十个村的情况全部掌握，甚至任期内与很多村干部都不熟悉，大多数村都未曾去过。乡镇党委书记大量时间都在开会，以及应对处理各种事务，下基层时间不多。若是由上级机关空降到乡镇工作的干部，既缺少农村工作经验，也较少与当地村干部打交道，那就更加无法做到对农村事务"一切尽在掌握中"，对村干部的选任考评也就难起作用了。

H镇在乡镇下设立党总支，一个党总支管理七八个甚至十来个村，主要工作除了维稳、计划生育、督办检查、上传下达以外，很重要的一项就是协助乡镇做好村级组织建设，最重要的是做好村干部选拔任用工作。H镇党总支书记都是专职的，也都是长期在农村工作，不仅对农村情况熟悉，而且工作方式方法也很熟悉。在村委会换届期间，熟悉情况的党总支书记就有能力仔细琢磨村级班子的配备，琢磨好了向乡镇主要领导汇报，获得乡镇领导认可以后，再按程序进行村干部班子的配备，这样就可以较好地选任配备好村干部班子，就可以选出最合适的村支书，从而为做好农村工作打下基础。

选人用人，配备班子，是领导最重要的工作。选对人、配备好班子，就可以凝神聚力，在短期内工作能得到较快较好的开展。

2018 年 4 月 23 日

基层"中坚干部"

2018年,我们到武汉市郊H镇调研,访谈了几位长期在H镇工作的中层干部,发现他们对当地情况十分了解,也有很强的预判与解决突发事件的能力。H镇是一个大镇,有11万人口,53个村居。全镇只有42个公务员和事业编干部,160名"以钱养事"人员,不仅能保持基本治理秩序,而且能有效地完成上级布置的各种中心任务,比如农村土地确权和农村环境整治。从乡镇这一级来看,这些中层干部长期在当地农村工作,具有丰富工作经验,既熟悉当地人,又懂得地方规范,还具有方法手段,他们是做好乡镇工作的关键力量。这些长期在当地工作,人熟、情况熟,具有广泛的当地人情关系网的乡镇中层干部,就成为乡镇一级的"中坚干部"。

举几个例子:

民政办主任刘云生,50岁,2016年之前一直在当地计生办工作,2016年之后调到民政办当主任。他参加工作30年,其中近一半时间是在管理区(总支)工作。他对全镇低保情况十分熟悉,对涉及民政的各项事务也都了如指掌。比如,优抚工作属民政办管,刘云生对全镇1700名退伍军人都很了解,对其中有困难的退伍军人提供帮助,对于涉军上访也可以做到了解情况以配合乡镇维稳。刘云生说,他现在每周至少3天下到村里摸情况。因为过去工作积累下来了人脉关系,对群众和当地情况都很熟悉，做任何工作都可以很快上手，乡镇任何一个岗位都拿得起做得好。

H镇分管维稳的政法委书记胡晓阳同样对所有上访群体十分了解。民办教师上访是一个很难解决的问题：一是没有政策依据，二是缺少基本证明。这些历史遗留问题激发了特定时期的利益博弈。当地民办老师（涉教群体）上访涉及60多人，其中有些人上访特别积极，是维稳重点对象。胡晓阳对这个群体十分熟悉，也能在政策允许范围内尽可能解决问题，实在不能解决就安抚、分化。每到节日，他都要走访安抚关键人群，有时还要召开座谈会。胡晓阳对全镇所有上访群体以及这些群体的关系都很熟悉，对这些群体中的特别困难户都进行过帮扶。有政策依据能解决的问题立即解决，没有政策依据的进行充分解释，从而将问题解决在基层，将矛盾化解在基层。胡晓阳说，每年教师节他都会请其中10~20人来开一个座谈会，安抚一下，发点儿礼物，比如板栗等特产，再吃一顿饭。

K总支书记张雄，51岁，以前是农技站的农艺师，被聘用担任K总支书记，负责15个村。2017年，仅应对当地15个村在武汉开出租车的司机上访就占用他一半时间。他对本管理区104名在武汉开出租车的司机情况都十分了解，一年中有数十次从H镇去武汉城区做信访维稳工作。

经管站站长桂爱国，1991年参加工作，2002年当经管站站长至今，对全镇村级财务非常了解。2016年，全镇土地确权主要依托经管站。桂爱国对上级政策吃得透，对农村情况很了解。土地确权产生的大量纠纷在桂爱国这里解决了大部分。

据桂爱国讲，乡镇骨干的中层干部也就20人左右，年龄在50岁上下，今后这批干部退休了，乡镇工作如何接触群众的确是个问题。这批

50岁左右的骨干是在过去收取税费、计划生育工作中与群众"打成一片"成长起来的。现在很难再产生这样的干部了，因为与群众面对面的路线与工作任务减少了。前面提到的K总支书记张雄，他几乎天天在村里，几年时间骑坏了两辆摩托车。

实际上，不只是在H镇，在全国农村都还有大批50岁左右的对当地情况很了解、工作能力很强的乡镇中层干部，他们长期在当地工作，具有多部门工作经历。取消农业税前，"天下第一难"的收粮派款、计划生育工作，正是他们冲在第一线完成的。他们过去的工作是"下去笼统，上来再分工"，每个人都要分片包干完成任务，必须与村干部和村民群体"打成一片"，摸爬滚打积累了各种经验和人际关系。这些经历深刻地影响了他们的思考模式、行为模式。干部下基层与群众摸爬滚打在一起，是一种工作方法。这样的工作方法也是一种群众路线。长期接触群众就形成了对群众的熟悉，对情况的熟悉，对工作方式的熟悉，以及对各种关系网的熟悉。正是这些在取消农业税前充分接触群众，对群众熟悉的乡镇干部，理所当然成为当前农村维稳工作和各类中心工作的骨干，也就是基层"中坚干部"。

这些"中坚干部"，在当前维稳和中心工作（比如土地确权、村庄环境整治）中如鱼得水。他们不仅了解情况，能从复杂的农村工作中清理出重点难点问题，而且善于与当地村干部和村民打交道，工作方法接地气，方法粗暴也机巧，善于机变，讲义气甚至有匪气。总之，一个乡镇有"中坚干部"，这些干部就可以保持乡镇的基本治理秩序，可以完成中心工作任务，应对各种复杂情况。

在当前乡镇一级，一般有三种行政事业编制的干部。

第一种是主职领导干部，比如镇党委书记和镇长。一般来讲，乡镇主职干部都是"流官",调动频繁,比如 H 镇 6 年内换了 5 个镇党委书记。这些主职领导往往不是本地人,在一个乡镇工作时间都不长,在不同乡镇或县、乡部门之间频频调动。主职领导调动有助于防范地方形成"土围子"、一言堂。当前乡镇主职干部乃至班子其他成员都越来越倾向异地任职,尤其是从上级"空降"下来的。异地任职的领导班子中,大多数人对当地情况不熟悉,甚至对农村工作不熟悉,因为很多从上级"空降"来的班子成员比较年轻,过去没有从事基层工作的经历,没有真正接触群众的机会。这些班子成员的优点是讲规矩,做事规范,缺点是不接地气,不了解当地情况。

第二种是在乡镇坐班人员,主要负责按程序办事,整理文件撰写方案,是典型的办公室文员。这些办公室文员以坐班为主,很少下基层与群众"打成一片",主要负责上传下达和完成领导交办的事务。这样一批坐办公室的乡镇干部,主要是做日常性的工作,维持乡镇日常运转。这些干部构成了乡镇行政事业干部中的下层。

第三种是一些长期在当地工作、具有丰富经验、工作能力强的乡镇干部,包括部分进入班子的非主职干部、站所负责人、中层干部和能力很强的普通干部,构成了乡镇干部的中层。这批中层干部大多数在 50 岁左右,即我们所说的"中坚干部"。"中坚干部"群体使乡镇治理具有强大的群众应变应急能力,具有强大的完成自上而下行政任务的能力,具有强大的完成中心工作的能力,具有强大的群众动员能力和回应上级要求的能力,是连接国家与乡村社会的中坚力量。

当前这些具有很强能力的"中坚干部"正被安排在乡镇各个关键岗位上,比如综治办主任、民政办主任、经管站站长等岗位,以及 H 镇 5 个总支书记、副书记岗位。需要特别说明,不是乡镇中层干部的岗位产生了"中坚干部",而是只有"中坚干部"才能履行好这些关键性的中层干部岗位职责。

当前乡镇的"中坚干部",从上升通道上讲早已没有升职空间,"人到码头船靠岸",等着退休。而从乡镇主要领导开展工作的角度看,乡镇关键性工作离不开这些人,因此就要通过各种办法,尤其要通过事业心、责任心、党性来调动他们的积极性。在H镇,最为重要的岗位是党总支。当前H镇5个党总支共有22名党总支书记、副书记(党总支只有书记、副书记,没有普通工作人员)。这5个党总支工作人员,现在依然冲在第一线与村民"打成一片"。

现在的问题是,这些既熟悉情况又具有工作经验、工作能力强的"中坚干部"正在老去。他们中一部分人仍然因为责任心、党性或感恩于乡镇主要领导的信任,返聘后被安排在一线关键岗位重用,才可以继续回应农民诉求,完成上级任务,才得以维持乡村基本秩序和各项中心工作。再过五年十年,他们就要退休了,而年轻乡镇干部要么根本没有(H镇目前最年轻的行政干部是1974年出生的),要么坐在办公室不接触群众,没有获得总体性基层治理能力的锻炼。待到当前乡镇"中坚干部"退出历史舞台后,乡村基层工作又无法完全规范化和科层化,谁来填补乡镇工作中的"中坚"空缺,这是一个大问题。

2018年4月21日

村干部职业化弊大于利

华中师范大学徐勇教授将村干部定位为"当家人"和"代理人"的合体,即村干部一身两任,既是农民的当家人,又是国家的代理人。表现在制度安排上,村干部是由村民选举产生的,又受到上级指导监督约束,完成上级委派的任务。村干部一身两任的角色具有很长的历史。新中国成立以来,无论是人民公社时期还是分田到户之后,村干部仍然是一身两任,同时扮演当家人和代理人的角色。只是在取消农业税后,传统时期的村干部的角色不存在了。

2019年年底,我们到江西省Y市调研,发现Y市正学习湖北省的经验推行村干部职业化。我以为,在农业型地区,村干部职业化之路行不通。

湖北省和江西省Y市村干部职业化主要表现在三个方面:

一是村干部报酬工资化。村支书和其他村干部报酬由之前1万多元提升到3万多元,相当于当地农村年人均纯收入的两倍以上。

二是村干部工资由基本工资+绩效工资组成,村干部绩效由上级考评。或者说,村干部工资是由上级发放,绩效由上级考评。村干部的主要工作变成完成上级安排的任务,甚至村干部为村民服务的情况也是由上级考核并纳入绩效考核。村干部变成乡镇的下级。

三是村干部按时上下班。村部要建党群服务中心,村干部在党群服务中心为村民提供服务。

在当前传统农业型地区，村干部职业化存在很多问题，择其要点，主要表现在五个方面：

第一，村干部职业化，就排斥了村庄中的"中坚农民"。农业型农村地区，村级治理事务相对比较简单，村干部工作具有很强的季节性与突发性（临时性、偶然性、随机性），因此村干部都是从村庄中产生、在村庄中生产生活的不脱产干部。村干部不脱产就是他们不脱离在农村的生产生活。只有在村庄中有收入的农民才能当得好村干部，也只有在村庄中有收入的农民才当得起村干部。"当得好"的原因是他们生活在村庄，在村庄中生产，是村庄的一员，了解村民的生产生活需求。"当得起"是村干部有自己的收入就不需要完全依赖村干部报酬，村干部报酬不是工资，而是误工补贴。如果要求村干部职业化，那些"中坚农民"就被排斥在村干部之外。当前，村级治理中职业化的村干部与农民的天然亲和关系就被切断了。

第二，村干部职业化往往同时行政化。村干部职业化后，村干部成了乡镇的下级，主要职责是完成上级安排的任务，由此造成村干部工作与村民生产生活的脱节。村庄是熟人社会，具有共同利益，有大量需要通过集体力量来办理的共同事业。只有当村庄是一个共同体，具有集体行动能力时，才可能调动村民参与共同事务的积极性。也只有村民参与村庄共同事务，村庄治理才会低成本、有效率。

第三，村干部工作具有很强的季节性，村干部职业化不能随时处理村民需要解决的问题。有时候村干部没有事情做，有时候村干部要"5+2""白＋黑"做工作。因此，要求职业化的村干部每天8小时在村部坐班，就可能白天没有一个村民来村部办事，而其他时间村民需要解决生产问题时却找不到村干部。

第四，村干部职业化坐班服务，是将村干部工作当作简单的窗口办事岗位。村干部的主要工作应当是做群众工作，是政治性的、动员性的工作，是要走村串户进村民家门，是要进入熟人社会私密关系中去的，而不是坐在办公室等群众来办事，也不是要坐在办公室里做简单的文字报表，以及帮村民签字盖章。村干部的工作是繁杂劳动，是动员群众、团结群众、引领群众的工作，需要动员村民共同建设自己的美好家园。

第五，村干部职业化打破了村干部作为国家"代理人"与农民"当家人"之间需要保持的一个平衡。国家为农民服务，不能万事包办，而应当让村干部组织农民来改善自己的生产生活条件。村干部职业化打破了这一平衡，导致村干部成了乡镇代理人，而无法再做农民群众的当家人了。这样就会造成村庄共同体的瓦解，造成国家直面每个农民，造成农民"等靠要"的问题。无论国家向农村输入多少资源，提供多少服务，农民不能被有效地组织起来时，治理成本必然会很高。

村一级究竟是共同体，还是一级行政建制？村庄应当自治，还是应当行政化？村庄中的农民究竟是服务对象，还是治理主体？村级治理的中坚力量究竟是农民中的积极分子，还是接受上级监督指示的村干部？显然，在村庄熟人社会中，在国家还无力包办农村所有公共事业的现阶段，离开农民群众这个主体，不做群众工作，国家再多资源下乡也必定是事倍功半的。

村干部职业化造成的最严重的后果，是农民主体性的丧失。

2020年1月5日

谁能当村干部

谁能当村干部？人民公社时期，村干部必须是忠于上级的贫下中农。当前农村分化程度比较高，有些地区村干部已经职业化了，比如苏南和上海农村村干部早就职业化了，每年工资10多万元，远超当地农民的务农收入。珠三角地区村干部年薪也普遍在10万元左右，也远超当地农民进厂务工的收入。职业化的村干部，选择权在上级，谁当村干部更多的是上级说了算。因为村干部职业化，所以一般不可能再经营工商业，村中富人也就往往不再当村干部。与苏南、珠三角地区形成鲜明对照的是浙江的村干部，迄今为止，浙江绝大多数村干部是不脱产的，只拿很少的误工补贴，一年也就一万元左右，不及当地农民的务农收入。因此，浙江的村干部普遍是富人来当。富人当村干部，利用村干部身份增加其工商经营中的便利。谁当村干部往往由选举产生，上级很难也很少控制村干部的选任。

苏南地区、珠三角地区、浙江农村都是经济发达地区，是人口流入地区。而中西部地区绝大多数的农村是人口流出地，村庄中大量劳动力进城务工或经商，中西部农村村干部绝大多数也是不脱产的，只拿误工补贴。不脱产，村干部就可以通过务农或经营其他产业获得收入。不过，中西部农村人口流出多，经济发展缓慢，获利机会不多，仅靠自家承包地收入再加上当村干部的误工补贴，村干部收入就远低于外出务工农户收入，村干部就很难当得下去。只有那些在农村有较多获利机会的人，比如规模经营农户、农村经纪人、农机手、小工商户等，这些被称作"中农"的人才愿意当村干部，才当得起村干部。反过来，他们只有在农村找到获利机会，才愿意当村干部。因此，在中西部农村普遍存在"中农化"的村干部。

在中西部地区，如果村干部不能顺利"中农化"，就可能会向两个方向转变：一是由那些缺少进城务工机会的中老年人担任，二是可能由狠人、无赖来当村干部。这样的村干部就会利用一切机会来谋取利益，尤其是利用当村干部的权力来谋取利益。

取消农业税前，干群关系紧张。其中原因是国家与分散小农户打交道的成本很高，国家无法区分农村中的钉子户与贫困户，从而无法低成本地收取农业税费。为了完成税费征收任务，地方政府充分调动村干部协助征收税费的积极性，甚至将村干部协助收取税费情况与报酬挂钩。在农民不愿意缴纳税费的情况下，老好人村干部无法收取税费，而农村中拳头比较硬的狠人则试图通过协税来获取利益。

取消农业税后，国家不再向农民收取税费，狠人村干部也就不可能借协税来获得额外好处，仅凭误工补贴不足以让这些狠人继续当村干部。因此，在传统农业型地区，取消农业税以后，狠人村干部大量退出，"老好人"村干部再次成为村干部的主力。

取消农业税后，国家不仅不再向农民收取税费，还有越来越多的资源向农村转移，其中有涉及农民家庭的竞争性的转移支付，如农村最低生活保障、危房改造资金等。国家资源下乡往往还要搞各种建设，搞建设就要占用土地，土地又承包给了农户，所以就要给予补偿。虽然国家资源下乡搞建设是为了农民的利益，钉子户却希望借此机会来获取好处——反正是国家的钱，不要白不要。一户钉子户索要成功，就会鼓动更多户，国家很快就发现好事不好办了。

国家对农村治理还有更多要求，比如环境整治，要改变当前农村脏乱差现象。建设美丽乡村，就要拆除违建，就要触动一部分村民的切身利益。

以上工作都需要村干部的参与。村干部报酬很少，又是不脱产的，参与这些事情都是要得罪人的，即使村干部不怕得罪人，他们是否得罪得起人也是存在疑问的。

因此，在取消农业税不久，"老好人"的村干部又发现，不向农民收钱而只是向农民发钱也不好发，由此出现了村干部新一轮的替代。这一轮替代与中西部农业型地区村干部"中农化"形成了共振，那就是在某些地区的农村当村干部必须要兄弟多。比如，村干部按政策分配低保指标后，村中狠人无赖找村干部要低保指标，就不可能非骂即打——至少兄弟会为自己当村干部的兄弟撑腰。兄弟多的村干部在执行上级政策时较兄弟少的村干部要容易得多。兄弟多的人成为村干部后，为了有效开展工作，他们可能首先从自己兄弟"开刀"，好处不能让兄弟得，坏处却要兄弟承担。公开场合让兄弟吃亏，私下弥补兄弟受到的损失。兄弟关系越是亲密，就越是有利于村干部开展工作。在兄弟的理解与支持下，村干部完成了各项比较困难的工作。问题是，兄弟多、势力大的村干部为搞好工作可以通过拿兄弟"开刀"以身示范，若他们不是想搞好工作而是要谋取私利，谁来监督约束他们？

浙江乡镇政府的规模都不大，行政经费也不多，村干部都是不脱产的，只拿误工补贴。最近几年，浙江在全省范围内大搞环境整治工程，工作都做下去了，效果还不错。询问毓南镇人大主席陈小明，他谈到党建引领在其中的重要性。他说，正是通过党建引领，将一个时期的全部工作统起来了。党建引领，全域提升。将党员牌子挂起来，党员就不能混同于一般群众，就必须在工作中起带头作用，就要遵守党纪。"三改一拆"首先拆党员干部家中的违章建筑，党员干部带了头，其他人的工作就好做。

陈小明所言，让我想起北京郊区 T 村村支书郑爱民讲的一件事。2015 年，上级要求进行环境整治，首先要拆除 11 户农户搭建的延伸到路面上的烟筒，其中包括郑爱民的亲二叔和亲二舅家的烟筒。郑爱民首先要去拆二叔的烟筒，二叔不同意拆，郑爱民当着众人的面对二叔说："你拆也得拆，不拆也得拆。要是不拆，我去找冯校长对你进行组织处理。"郑爱民二叔是中学老师，听说要找他的领导，恼火得不得了，他说："你这孩子呀，不能再这样蛮干了。这么多年下来，你得罪多少人了？！"不过，二叔家的烟筒还是拆了。

郑爱民又去拆二舅家的烟筒，二舅坚决不同意拆。郑爱民也当着众人的面说："你必须今天拆掉，今天不拆，明天大锤伺候。"二舅坚持不拆，二舅女儿的姑爷回来将烟筒拆了。

郑爱民将自己叔叔和舅舅的烟筒都拆了，其他农户工作都不用做，很快拆除了所有延伸到街面上的烟筒，村庄环境整治很快就有了模样，T 村也成为当地最干净整洁、没有违建的明星村。郑爱民说，正人先正己，先拿自己人"开刀"才能做好公共事业。

与 T 村相邻的 B 村情况则大不相同。同样是上级布置的环境整治任务，B 村村干部工作做不下去。其中原因是之前村干部亲友带头违建，引发农户连锁反应，最后村庄中几乎户户都有违建，村干部再去做拆违工作几乎是不可能的事情。B 村村干部没能制止亲友带头违建，是因为他们正是依靠亲友支持才当上村干部的。这些亲友当然也希望沾一点儿村干部的光。与 B 村村干部略有差异的是，T 村郑爱民书记宗族势力很大，父辈有五兄弟，而且舅舅也是本村的，也有五兄弟，这些人都是近亲，他就可以要求这些近亲支持自己的工作，即使近亲利益受一点儿损失，这个支持也是要给的。若郑爱民书记近亲不多，宗族势力比较弱，他就不可能在村级治理中表现得如此强势。

郑爱民书记宗族势力大，他就敢于首先从自己人下手，其他农户的工作不做就通了。郑爱民首先对自己人下手，是因为毕竟是自己人，白天得罪了，晚上去"赔罪"说好话，也会得到理解和谅解。郑爱民的这种工作策略在做有难度的工作时常常用到。收取农业税、执行计划生育等政策，都曾是"天下第一难"的工作，村干部做工作往往是从自己亲友开始，亲友工作做不下来，其他人的工作就更难做下来。当然，如果本来在村庄中亲友很少，没有什么实力和势力，就是亲友工作做下来了，其他村民的工作也可能仍然很难做，因为没有势力的村干部不敢在工作中强势讲狠话，所以就做不下来工作。这样一来，在工作难做的时候，没有势力的村干部也就注定当不长，当不下去，而要由那些家族势力大、兄弟多的人来当村干部。这些家族势力大、兄弟多的人当村干部，如果想做好工作，也必须要约束自己的亲友，要求亲友率先带头执行政策。如果村干部不能有效约束自己的亲友，甚至在工作中优亲厚友，村民就会反对这个村干部，在任何工作中都与村干部抬杠，这样的村干部要么当不下去，要么会将村庄搞得一团糟。

不仅执行收取税费等政策时，有势力的人当村干部很重要，就是在分配资源时，村干部有势力也很重要。评定贫困户或低保户，有不讲理的农户非得要村支书将自己纳入低保户，即使村民评议没有通过，他也认为是村支书故意刁难，因此与村支书吵架甚至打了村支书一耳光。这个打了村支书一耳光的农户不可能被公安机关刑拘，村支书在大庭广众之下被打了一耳光，这个憋屈和威信受损却是难以挽回的。如果有一批不讲理的农户，他们一个接一个与村支书吵架，村支书常常被打耳光，他也就当不下去了。有两种情况可以改变村支书的不利处境：一是村支书兄弟多、势力大，就不会有人敢无缘无故地打村支书，村支书的兄弟们在村支书挨打时会站出来。二是村干部很团结，共同担责，他们就可以一起来对付不讲理的农户。

2016年，湖北省将村支书的工资大幅度提高，一般村干部仍然拿误工补贴。之前村里工作都是村支书指挥一般村干部去完成，现在村支书拿工资了，其工资收入远高于其他村干部，其他村干部就当然没有工作积极性了，结果，村里工作就变成村支书干，一般村干部围观。一旦有不讲理的村民打了村支书，其他村干部也不会出面，村支书也就当不下去了。

村干部不倚仗家族势力、没有这些势力来做工作，甚至好事也办不成。一个好的村干部既要利用自己人来开展工作，又不能让自己人占便宜，即不能优亲厚友，这样的村干部才有权威，才能做好农村工作。这种传统乡村治理模式，在中国农村社会是常见的。

不过，真正要建设一个强有力的基层治理体系，仅靠私人关系显然是不行的，也是远远不够的。建立现代乡村治理体系，最重要的是充分发挥党员的先进作用，让党员带头、党员干部家庭带头，这是党的纪律和党员先进性所要求的。通过党员的带头与引领，乡村干部再来做工作就容易了。只有不将党员混同于一般群众，让党员带头引领，农村工作才有抓手和帮手，才容易做好。

2017年8月25日

乡镇干部为什么会这么忙

近年在乡（镇）调研，发现乡镇干部竟然是"5+2""白+黑"的工作状态，有的乡镇党委书记、乡镇长甚至全年无休。细究其中原因，大概有三个层面：

第一层面，认真应付上级各种会议和检查，工作时间几乎被各种会议和检查占据。当前上级对基层要求严，工作安排多，尤其是中心工作很多，所有这些中心工作都是要限期完成的。检查评估，既要按程序讲过程，又要有结果留痕迹。乡镇干部尤其是乡镇主要领导不得不忙于开会，应付检查，处理杂务，分解任务，调配人财物力安排工作。可以说，上班仅仅应付各种形式就几乎耗尽了乡镇主要领导的时间。

第二层面，必须要做的实事，必须要做的"虚事"，这些事情都很多，往往很难一次性做完，更难一次性做好。乡镇领导必须要解决各种问题，大量且耗费时间精力的事情，在上班时间没法做，那就挪到下班后和双休日完成。因为要做的实事太多又繁杂，下班以后和双休日仍然需要按轻重缓急处理，很少将所有必须要做的事情一次性做完。

第三层面，面对各种不确定性压力，乡镇干部不由自主试图通过"牺牲休息时间"缓解压力。出于属地责任的原因，乡镇范围出现的任何事故，工作中任何一个纰漏，对乡镇干部都可能是"一票否决"。有乡镇干部讲："你不可能知道下一秒会发生什么事情。"因此，很多乡镇干部高度紧张焦虑，为缓解紧张焦虑，他们就会利用所有空闲时间排查安全隐患。

长期处在高度紧张的精神状态，导致身心疲惫。乡镇干部"身累＋心累"，显然与当前乡镇中心工作繁多，且所有中心工作都面临严格考核和问责压力有关。县级职能部门都有办法通过县级领导将部门工作变成县委县政府的中心工作，甚至农民缴纳社保，社保局也可以通过县委县政府要求各个乡镇在限期内缴费率达到98%，否则就要问责。一个县往往会有二十几个甚至更多工作领导小组，由县委主要领导当组长，职能局局长当领导小组办公室主任，负责协调统筹和检查监督，职能局也变成对乡镇问责的单位，乡镇干部因此疲于奔命。

不仅县级职能部门可能通过设立领导小组将部门工作变成县委县政府中心工作，而且省、市两级也可能成立领导小组，将部门工作变成全省全市的中心工作，对乡镇工作进行督查。省市到乡镇督查，发现问题，账记在县里，县级为了自保也为了向省市表态，往往不分青红皂白对乡镇干部进行处分。乡镇干部面对上级难以数清的中心工作，就只能小心谨慎。

目前，有的基层干部身心俱累，显然不是好现象。为乡镇干部减压减负刻不容缓。

2021年5月15日

联村干部与驻村指导员

浙江农村村干部是不脱产干部，没有工资，只有误工补贴，村干部一年的误工补贴一般只有1万元左右，按当地村干部的说法，误工补贴不够抽烟的钱。在其他沿海发达地区的农村，如珠三角农村、苏南农村、上海农村，村干部基本上都已经职业化了，成了脱产的专职干部，且村干部不再是拿误工补贴，而是按月拿工资，一年工资收入多则20万元，少则10万元。浙江村干部不脱产，仅拿1万元左右的误工补贴，是相当独特的。

浙江村干部不脱产且只拿误工补贴的原因之一，是浙江农村村、组两级集体经济收入十分有限，即使在浙江最富裕的宁波、绍兴农村，村集体经济收入也往往十分有限，一般每年不超过10万元，甚至有一半左右的村集体没有收入。村干部误工补贴和村级公共支出要靠国家补贴。这与珠三角农村以及苏南、上海农村集体收入普遍较高是完全不同的。村集体没有收入，当然也就发不起村干部工资。

浙江农村村干部只有误工补贴，也就不可能以村干部作为唯一职业，而必须有其他职业的收入来源。有自己的产业尤其是有企业的富人当村干部，一方面有企业收入，村干部补贴多少无所谓；另一方面，企业家当村干部就有了政治身份，就更容易与政府部门打交道，当上村干部就有利于自己企业的经营。在进入21世纪前后，浙江大部分农村村干部就完成了从传统村干部向富人村干部的转变，尤其是主职村干部几乎都是有产业的企业家来担任。

除了富人当村干部以外，还有一种人愿意当村干部，就是那些承包小型工程、具有"灰黑"背景的人。在村庄有项目开发时，他们希望借助村干部的身份承揽工程获利。这样的村干部就是"混混"村干部。富人村干部与少数"混混"村干部是浙江农村村干部的两个主要类型，其中占大多数的是富人村干部。

无论是富人当村干部还是"混混"当村干部，他们并非是过去农村的代理人，也不是过去村民的当家人。他们不一定要从村庄谋取个人利益，可能只是利用村干部身份来获取特殊利益。因此，浙江村干部普遍缺少完成国家任务的主动性。

为了督促村干部完成上级布置的各种任务，浙江农村基层治理充分发挥了联村干部制度的作用。联村干部最初是 20 世纪 80 年代的包村干部，主要是督促村干部完成税费收取与计划生育等国家任务。进入 21 世纪以后，中西部地区的农村在取消农业税费的同时，计划生育工作也常规化了，乡村之间出现了脱节，大部分地区包村干部已名存实亡。

浙江农村与中西部地区的农村不同，浙江是经济发达地区，村庄有活跃的经济发展优势，甚至可能有大量外来农民工进驻，经济发展与外来人口进驻使得村庄一级有诸多必须处理的事务，尤其是各种维稳防控任务和日常管理任务。浙江农村基层开始形成聘用干部职业化的制度（即非主职也非选举产生的聘用干部，主要是村文书），保持了以联村干部为主要特征的乡镇对村级的督导形式。

联村干部的主要工作就是负责联系村庄工作，包括督导村干部完成各种任务，协调村干部之间的关系。联村干部工作完成的好坏与联村干部报酬挂钩。乡镇干部几乎都有联村工作的任务，即乡镇干部除了完成乡镇本职工作以外，还要督导村干部完成村一级的各种事务，包括维稳和上级布置任务，尤其是各种中心工作。联村干部对所联村庄的工作实行包保责任制。联村干部想要做好联村工作，关键有两点：一是选出好的村干部，二是掌控村干部。选出好的村干部以及掌控村干部的前提，就是将村干部拧成一股绳，尤其不能造成村支书、村主任各自一派，相互对立。在派性十分普遍的浙江农村，联村干部首先要做的就是让村支书与村主任搞好关系，最好是同一派人当村干部。一个有能力的联村干部就可以掌控村干部去完成上级布置下来的各项任务，一个能力比较差的联村干部可能就不得不亲自到村庄劳神费力地完成工作。

在重点工程比较多的城镇郊区，工程落地要与村民发生利益联系，工作难度大，同时，工程落地就必然会有各种利益附着。为了限期完成各项工程落地任务，乡镇会安排能力强的乡镇干部当联村干部，这些能力强的联村干部通过公私关系软硬兼施，督促村干部协助完成工程落地任务，摆平各种利益纷争。

我们曾在浙江宁海梅林街道调研。因为梅林街道是宁海县重点建设区域，仅2016年街道就有47项县级以上重点工程，工程落地建设任务巨大，梅林街道几乎所有干部都有联村任务。整个街道18个村居分成4片，每个片都有联片领导，每个村都有联村干部。街道班子成员除书记、主任以外都有联村任务。街道建设任务最重、情况最为复杂的村，就由街道最重要的领导来当联村领导，比如街道2个副书记和纪委书记所联3个村都是街道村情最复杂、工作任务最重的村。联村领导和联村干部必须无条件完成所联村庄的各种中心工作，保持村庄稳定，工作完成好坏直接与职务晋升和年终奖励挂钩。

梅林街道仅仅通过不脱产村干部队伍，加上联村领导、联村干部的督导，就相当有效地保持了重点工程落地和村庄利益协调，并且保持了农村社会稳定。重点工程并不常有，且不同村庄也只是在某一个时期才有集中的重点工程落地任务。街道会依据各个村庄村情及任务难易情况及时调整配备联村领导与联村干部，将最有能力的联村领导和最大力量的联村干部集中到任务最重、情况复杂的村庄来完成任务。一个村庄的重点工程完成了，村庄工作进入正常状态，就可以将最强有力的联村领导与联村干部调配到其他需要的村庄。联村干部制度的一个优势就是可以根据中心工作任务和村情来灵活调配力量，从而可以有效地完成非常规的各种重大任务。

从我们在浙江农村的调研来看，联村干部制度还是培养乡镇干部的一个好办法。在村干部不脱产的情况下，村一级工作完成情况与联村干部有着十分密切的关系。村级工作（完成上级任务和维持村庄稳定）与联村干部的晋升及待遇有密切关系，联村干部必须深入村庄事务中，必须亲自接触村干部和群众，必须与村干部一道想方设法解决村庄需要解决的各种问题。长期联村，就使乡镇干部对农村工作有了最为切实的了解，获得了农村工作能力的提升。因此，浙江乡镇干部不可能只是坐在自己办公室而不接触群众，长期联村接触群众，使得浙江乡镇干部具有远高于全国其他地区乡镇干部的工作能力。他们是了解农村情况，具有操作经验的干部。

诸暨市草塔镇紧邻大唐镇，是全国有名的袜业生产基地，据说大唐草塔地区生产全球三分之一的袜子。2016年10月，我们到草塔镇调研，发现驻村指导员制度值得一说。

我们在草塔镇访问了两个村的驻村指导员，一个是杨拥军，另一个是陈国庆。

杨拥军是莼塘东村驻村指导员，当年55岁，有20年包村历史。自2004年开始包莼塘东村，那时就叫作驻村指导员。不过，在2014年之前，杨拥军的主要工作仍然是镇政府工作。2004—2012年，杨拥军为镇党政办主任，2012—2014年为城建办主任，都是非常忙的岗位。作为莼塘东村驻村指导员，只可能兼职，每周来村1~2次。按诸暨市的规定，乡镇干部到了53岁就不再担任实职，杨拥军后来也不再担任城镇办主任，调到新成立的镇驻村指导中心，成为专职驻村指导员。也是从2014年开始，草塔镇加强驻村指导员工作，将之前镇、村之间的3个管理区合并成立驻村指导中心，每个村指派了一个专职驻村干部担任专职驻村指导员。全镇18个村，就有18个驻村指导员，由这18个驻村指导员组成驻村指导中心，替代了之前的3个管理区。驻村指导中心主任为镇党委副书记，驻村指导员不再对管理区负责而只对驻村指导中心负责，接受驻村指导中心考核。

杨拥军与莼塘东村村支书关系非常好，工作配合十分默契。自2004年以来，莼塘东村村支书每年都会要求镇领导派杨拥军来包村，杨拥军对莼塘东村熟悉，也愿意包这个村。2014年，自上而下各种行政任务很多，尤其是诸暨市开展农村环境"六项整治"力度很大，镇里为了加强对村级工作的督办力度，开始实行驻村指导员专职化，即凡是担任驻村指导员的乡镇干部不再在乡镇担任实职，每周工作时间必须到村里坐班。杨拥军正好从乡镇中层实职退下来了，就调到驻村指导中心担任专职的莼塘东村驻村指导员。

杨拥军说，2014年前的驻村指导员主要是上传下达，送文件，传达精神，相当于通信员、联络员。现在的驻村指导员完全不同，要承担很大责任，工资奖金都与村庄工作完成情况挂钩，相当于村支书与村主任的合职，甚至每周二召开的村"两委"班子会议，一般也是由驻村指导员主持，总结上一周工作，安排下一周工作任务及每一项工作责任人也由驻村指导员提出。不仅上级安排的各项事情驻村指导员要督办，而且村里各种常规事务，甚至家庭矛盾、农民上访，都很可能要由驻村指导员来应对协调解决。村庄内部事务之所以也要由驻村指导员来解决：一是村干部几乎都办有企业，很忙，没有时间处理村务；二是村干部都有小算盘，做好事都愿意，得罪人的事情就不愿意出面。按杨拥军的说法，驻村指导员要管村里所有事情，是因为上级布置的任务、安排的工作与村里工作是分不开的，而上级对村里的考核是与驻村指导员的工资奖金挂钩的。

陈国庆是杭金七村驻村指导员，当年 44 岁。之前在草塔镇比较贫困的青山片当驻村指导员，2015 年调到全镇工业最发达、情况也最为复杂的杭金七村当驻村指导员。

陈国庆介绍说，2004 年开始推行驻村指导员制度，但驻村指导员的工作实际上是按片划分，全镇分为 3 片。2014 年成立驻村指导中心，由镇党委分管组织的副书记兼中心主任，另外设 3 个副主任，相当于之前的 3 个片长。驻村指导中心的干部都包村，成了包村干部。包村干部即驻村指导员，绝大多数为从乡镇中层实职退下来的老干部，一般年龄超过 53 岁就退居二线，他们丰富的工作经验不利用起来就实在太可惜了。因此，几乎所有从乡镇中层岗位退下来的干部都转身成为驻村指导中心的包村干部。18 个包村干部，50 岁以下的只有两人。也就是说，草塔镇 2014 年前的驻村指导员按片区来管理，驻村指导员大多为兼职，其主要作用是指导督查。2014 年以后撤销片区，成立高配的驻村指导中心，驻村指导员变成专职。

为了激励驻村指导员，2014年，草塔镇出台机关工作人员考核办法，所有人的报酬与工作绩效挂钩，分为两个部分：一是平时工资，二是奖励。草塔镇的考核办法是对奖励部分乘以系数，所有机关工作人员奖励系数都是1，驻村指导员则依驻村工作难度乘以不同系数，工作难度最大的杭金七村的系数是1.4，工作难度最小的村的系数是1.1。在不出意外的情况下，杭金七村驻村指导员比一般机关干部每年报酬要多2万元左右。

驻村指导员的报酬与其工作状况有密切联系，工作中出现了失误就会扣除奖励。比如，市治水办暗访小组在杭金七村暗访，发现河道垃圾未清除，被市治水办通报，驻村指导员被扣两个月奖金约7000元，村支书和村主任各被扣2000元。G20峰会期间，有一个上访户到杭州上访，虽然被截了回来，驻村指导员仍然被扣两个月的奖金，村支书和村主任也各被扣2000元。也就是说，2016年，杭金七村驻村指导员被扣4个月奖金共1.4万元，村支书和村主任各被扣4000元。

同样的情况也发生在莼塘东村。杨拥军说，六月的一个工作日，有村民发生家庭矛盾，他与村支书去调解，正好市委组织部来检查村干部坐班情况，驻村指导员和村支书都没有留下外出动态记录，被县组织部通报。他被扣两个月奖金，村支书被扣2000元。

从考核项目来看，几乎所有村庄工作都与驻村干部有关，出现了工作失误，驻村干部被扣奖金远高于村主职干部，而且村主职干部大多是企业家，他们主要收入是企业经营收入，驻村指导员的主要收入就只有工资奖金收入。从这个意义上，驻村指导员被推到了村级治理的第一线。最近几年推进的整治"两路两侧"，"三改一拆""四边三化""五水共治""六项整治"行动,以及计划生育、信访、维稳、环境卫生、流动人口管理、生产安全,几乎每个方面的治理,驻村指导员都要负主要责任。

也许可以说,在2014年前后,自上而下大量的行政任务落地,对村级治理能力提出了更高要求,从而激活了浙江省一直存在的驻村指导员制度。草塔镇成立驻村指导员中心,由镇党委分管组织的副书记兼任中心主任,调派经验丰富的退居二线的乡镇中层干部担任专职驻村指导员,成为包村干部,并将其报酬与村级治理(而不仅仅是完成上级任务情况)挂钩。

无论是完成自上而下的环境整治任务,还是完成上级布置下来的重大项目落地任务,浙江省驻村指导员都起到了重要作用。最近几年在浙江开始大力推行的美丽乡村建设和环境整治工作中,包村干部制度被激活,包村干部开始替代村支书和村主任工作,而不只是督促村干部的工作。

浙江农村之所以会出现这样一种由基层政权直接向村级延伸的村级治理,完成各种自上而下布置的任务,除这些行政任务本身难度比较大、工作量比较大以外,也与浙江村级组织建设的独特性有关。

2017年3月11日

乡镇干部职务晋升规律

在广西两个乡镇调研，正值乡镇领导班子换届。令人惊讶的是，调研的两个乡镇领导班子成员几乎都获得了提拔或重用。提拔是指由下一级提升到上一级，重用是同级干部调往更重要岗位。乡镇领导班子换届每5年一次，几乎所有班子成员都能在每5年一次的乡镇领导班子换届中被提拔或重用，且是可以预期的，这就形成了对乡镇干部巨大的激励。乡镇政权是中国五级政权的基层政权，乡镇一级资源比较少，干部待遇比较低，工作条件也往往比较艰苦，对乡镇干部最大的激励就是职务晋升了。每5年就能获得一次职务晋升，对乡镇干部激励之大是可以想见的。反过来，若每5年不能获得一次职务晋升，乡镇干部可能永远失了政治前途，这是不可承受之重。

正常情况下，大学毕业生考取公务员，一年后转正即为科员，3年后就有希望晋升为副科，有希望进入乡镇领导班子。这样来看，大学毕业生到乡镇工作，二十多岁就可以进班子成为领导干部。乡镇书记、乡镇长为正科，按每5年一次职务晋升规律，每个乡镇公务员都有机会很快就晋升到乡镇干部的最高职务，但这显然是不可能的。

一方面，乡镇对干部激励资源比较少，职务晋升是最重要的激励资源；另一方面，乡镇可供干部晋升的空间十分有限。从刚入职不久晋升到副科进入班子成为乡镇领导干部，再到乡镇最高职务的党委书记，不过是副科到了正科，仅仅一步之遥。但是现实中，乡镇干部晋升显然不是按直达路径去走，而是在乡镇有限的职务晋升空间中，将乡镇职位进行多层次细分。

乡镇领导一般是指党政班子成员，包括所有具有职务的副科级以上干部。职务上主要有三个系列，一是党委，二是政府，三是人大，相互之间有兼职。党委成员一般一正两副，其余为党委委员。一正就是乡镇党委书记，两副就是兼任党委副书记的乡镇长和专职党委副书记，这个专职副书记也可能兼任乡镇人大主席。乡镇一般会有3~5名党委委员，这些党委委员分工负责组织、宣传、纪检工作，兼任武装部部长、副镇长以及党政办主任。政府成员一般是一正多副，一正即乡镇长，其余为3~5名副乡镇长，副乡镇长中往往会有一到多名同时为乡镇党委委员。乡镇人大一般一正一副，人大主席可能专职，也可能由乡镇党委书记或副书记兼任。

这三个层级共同构成乡镇班子成员和领导干部。领导干部又可以分为两个不同层次：一是正科级领导，共3人，分别是乡镇党委书记、乡镇长、乡镇人大主席；二是副科级领导，为其余班子成员。副科级领导干部又是分层次的，最重要的副科级领导是党委副书记，其次是党委委员，有的地方将兼任副乡镇长的党委委员称作常务副乡镇长，常务副乡镇长就排在党委副书记之后其他党委委员之前。排在最后的是未进入党委的副乡镇长和乡镇人大副主席。

考上乡镇公务员，晋升为副科，并不一定就会有实职，有实职也一般会从最低层次开始，即担任非党委委员的副科，或担任党委委员中的武装部部长、宣传委员或组织委员。此后，如果顺利，就进入到小步快走的晋升通道。

一般来说，乡镇一级有四个层次可以算作提拔，即由一般副科到乡镇党委副书记、常务副乡镇长，由乡镇党委副书记和常务副乡镇长到人大主席，由人大主席到乡镇长，由乡镇长到乡镇党委书记。

刚进入班子的成员，排名最后，担任的职务最不重要，经过历练，排名上升，担任更重要的职务。更重要的职务比如由乡镇人大副主席和非党委委员副乡镇长到党委委员。在党委委员分工中，由比较不重要的分工到更加重要的分工，比如纪委书记比一般党委委员就更重要。由排名最后的班子成员向上晋升，经过数次重用，仍然是副科级，却已是班子成员中比较重要的干部了，下次提拔就有了机会。

由一般副科级到常务副乡镇长和副书记，虽然仍然是副科级，却不只是重用而是提拔了，因为常务副乡镇长和副书记的排名不是按资历，而是按职务。常务副乡镇长和副书记是副科级之首，除非例外，乡镇正科级领导干部只能从常务副乡镇长和副书记中提拔。从这个意义上讲，担任常务副乡镇长和副书记是乡镇干部最高职务晋升不可缺少的一个环节。

如前所述，副书记升任人大主席，人大主席升任镇长，以及镇长升任党委书记，都是提拔，且基本上不可能不经过镇长这个层次就直接从副书记或人大主席升任党委书记。

这样一来，一个公务员即使很年轻就进入乡镇领导班子，担任副科级领导，每5年得到重用或提拔一次，也要经历最少5次提拔或重用，才可能晋升为乡镇党委书记。每5年一次共5次，就是25年。一个不到30岁的年轻人在乡镇晋升之路上，如果每一次提拔重用机会都没有错过，到正科级乡镇党委书记时也有50多岁，早已经错过了再提拔重用的机会。也就是说，绝大多数在乡镇入职的公务员是不可能晋升为乡镇党委书记的。

当然,在非乡镇领导班子换届期间也会有零星的干部提拔或重用机会,这样既可以调整干部,为领导班子换届做准备,又可以给乡镇干部更多期待。

乡镇干部的职务晋升是由县委组织部在全县范围进行统筹调配的。全县的乡镇情况差异很大,有的乡镇人口多,经济发达,为经济重镇,城关镇更是重中之重。有的乡镇人口少,经济不发达,交通也不便利,是一般的乡镇。因此,同一个职位,由一般乡镇调到重要乡镇属于重用,而提拔干部一般都要从重要乡镇的次要职务提拔到一般乡镇的主要职务,比如由城关镇的镇长提拔到一般乡镇党委书记,然后再由一般乡镇党委书记重用到城关镇党委书记。

将乡镇分为一类二类三类,同一个职务从三类乡镇到一类乡镇是重用,提拔则往往要从一类乡镇转任二类三类乡镇,这就让乡镇干部晋升之路变得更加曲折漫长。

当然,乡镇领导并非只能由乡镇干部来担任。实际上,县市部门下派干部到乡镇锻炼也是常态。县级权力部门会向乡镇重要岗位下派干部担任党委书记、乡镇长,抑或党委副书记、人大主席。上级下派人员担任乡镇领导干部,就减少了乡镇干部晋升机会。一般来讲,上级部门向乡镇下派领导干部人数不会太多,也可能不会太少。多的情况下,上级下派乡镇党委书记、乡镇长占比可能达到总职数的一半左右;少的情况下,可能只有四分之一甚至更少。

乡镇领导干部晋升当然也有例外,比如上级要求乡镇领导班子换届时必须要有年龄的职数比例,规定全县范围内必须要有3名35岁以下正职干部,就可能让乡镇班子成员排名靠后的年轻干部越过党委副书记直接提拔为乡镇长。乡镇领导干部当然也不只是在乡镇任职，还可以提拔为县级领导或进入县职能部门任职。这又分为三种情况：一是乡镇党委书记被提拔担任副县级领导，这种情况不普遍，一般一次换届有1~2名乡镇党委书记被提拔为副县级干部就算不错了。多数乡镇党委书记是被重用到县职能部门当局长，尤其是重要职能部门，比如发改局、自然资源局、人社局、财政局等。乡镇长年龄大了，不再提拔为乡镇党委书记，也可以调到县局当局长或副局长，一般到小局当局长或到重要局当副局长。年龄比较大不再适合乡镇工作的人大主席和乡镇党委副书记，调回县里工作，一般安排在县里不重要的职能部门任正职或副职。一般年龄较大的乡镇副科级领导，缺少在乡镇晋升的机会，他们实际上绝大多数会调入县局当副主任科员，没有实职，享受副局级（副科级）待遇。

根据以上情况，可以提炼出几点关于乡镇干部晋升的规律：

第一，乡镇干部职务晋升之路拥挤且漫长。由副科到正科，看似一步之遥，很多乡镇干部可能一生都无法企及。每次重用或提拔都须激烈竞争，经历重重考验，而真正能获得晋升的乡镇干部少之又少。

乡镇干部职务晋升拥挤且漫长的主要原因是，乡镇一级用于激励干部的资源稀缺，因此乡镇干部职务拆分细碎，在高层级政府部门的职级被拆分为若干等级，又须通过提拔或重用手段调配到不同乡镇，实际上几次重用或提拔之后，却错过了被继续提拔的黄金年龄。

第二，一次机会也不能错过。乡镇干部从很年轻时就进入领导班子，看似前途无限，在晋升过程中却万万不可错过任何一次机会。错过一次机会，再晋升到理想职务的可能性就失去了。如果在晋升期间受到处分，尤其是受到职务晋升的处分，很可能从此错失被重用或提拔的机会。因此，在乡镇工作中就必须要避免受处分，一次不合时宜的处分，也许会断送一生的政治前途。

第三，职务晋升的包容性。如果干部职务晋升机会面向更多乡镇干部，对年龄、性别、编制、学历限制越少，就可以让更多乡镇干部有晋升机会，也就可以调动更多乡镇干部工作积极性。为争夺晋升机会，具有晋升可能性的乡镇干部之间就会有更加激烈的竞争，他们工作就会更加积极主动，更加进取，以便在晋升中胜出。如果干部职务晋升包容性差，就会有越多乡镇干部被排斥在晋升机会以外，缺少晋升机会的乡镇干部就会表现得消极，成为乡镇干部中的"老油条"。

第四，乡镇干部晋升的可预期性。乡镇干部晋升是有规律可循的，并非仅仅是由县委书记个人好恶决定。乡镇干部晋升的预期性是一个地方的共识，县委书记违背共识提拔自己喜欢的人，其个人威信就会受到影响。一般来讲，没有重大过错，每5年一次的乡镇领导班子换届，乡镇干部都有机会受到重用或提拔。在工作考核排名情况下，排名靠前的乡镇主要领导更容易受到重用或提拔，排名靠后的乡镇主要领导较少被重用或提拔；重点乡镇干部更容易被提拔，一般乡镇干部大多只是被重用。

研究乡镇干部职务晋升规律，有助于深入了解中国基层治理的规律。在此只是一个粗浅的探索，抛砖引玉，期待批评。

2021 年 5 月 14 日

村干部权力的边界

P市郊区K村党委王书记有近乎传奇的经历。K村是P市的一个普通村庄,因为有山,村域面积比较大,约7.8平方公里。全村约2500亩耕地,1700人。K村本身没有特色,却因为王书记的经营而成为P市美丽乡村和特色旅游的典范。

王书记刚过50岁,是村中小姓。2005年前,他一直在外打拼,办修理厂、建写字楼、买进卖出,成了千万富翁。2005年,他回村办事,遭遇村干部刁难,十分恼火,一不做二不休,自己回村当书记至今。

在外面做过房地产生意时,王书记结交了一些房地产商,回到K村后,他决心做土地文章。王书记很清楚,在P市郊区发展工业是没有前途的,发展农业也不可能赚大钱,要将K村建设好,必须要充分利用地处P市郊区的优势,做P市市民的文章,赚P市市民的钱。具体做法有二:一是腾退出土地搞房地产,建小产权房,将房子卖给P市市民,从而分享土地财政收入;二是发展乡村旅游。

做土地文章的第一步是将分散的农户集中起来居住,以腾退出宅基地,再利用宅基地盖房卖给P市城里人。为了推进计划,王书记借用K村2005年被纳入P市13个旧村改造的机会和当时P市正在推进的农村产权改革试点,将全村所有土地包括耕地、林地、山场全部解除承包合同,收归集体所有,然后将全部集体资源资产化,形成股份。2005年的股份构成中，土地股占40%，户籍股占20%，资产资源股占40%。农民按股份分红并可以从集体获得若干就业机会。到2017年，据说K村所有集体股份资产已超过20亿元，人均超过100万元。

将村民所有土地收归集体，以及腾退农民宅基地，就要有至少三笔投入：第一笔投入是要建设村民新村，得以让农民拆除旧房腾出宅基地；第二笔投入是要建设村庄基础设施；第三笔投入是为农民提供土地入股的分红收益。王书记是一个神通广大的人，他说服一些房地产商带资前来建村民新村，通过各种关系找到上级政府争取项目支持。王书记最大一张牌是将本村纳入P市13个旧村改造试点项目：一是可以争取市财政项目资金支持，二是可以说服房地产商带资来搞建设，三是可以向银行贷款，四是可以说服村民参与计划。王书记又是一个天生的能说会道、善于规划的人，在他的精心谋划下，村民新村开工了，村庄基础设施开始了大手笔建设。村庄各项建设都需要劳动力，村民有了就业机会。尤其重要的是，从2005年开始，王书记为全村村民每人每年分红1万元。尽管村集体实际上没有任何经营性收入。

在这期间，王书记充分利用了每一次农村政策机会，比如，2006年全国新农村建设，2010年P市美丽乡村建设，2014年多部委最美休闲乡村建设，等等。他争取政策，争取项目，争取资金，10年时间仅仅争取上级项目资金就有3亿多元。10年下来，村民新村建成了，村庄基础设施绝对一流，建成的华北地区最大的玫瑰园有企业愿以3亿元收购，K村樱桃是P市最好的，采摘农业已有相当规模。最重要的是腾退出来的1000多亩宅基地成为集体经营性建设用地，与P市城建集团合作，K村除每年每亩获得3万元保底租金收入以外，还可参与利润分红。全村1700人已经搬进新居，部分自建楼盘预售给了P市市民，预售小产权房也极大地缓解了村集体的经济困难。全村进行的各项以旅游开发为中心的产业吸收了大量村民就业，村民不仅几乎不用出钱就搬进了新公寓，而且每年都享受分红，村民因此对王书记十分感激，王书记在村民中就有了极高的威信。按王书记的说法就是，村庄建设最重要的是获得村民支持，不能有人到上面告状，一告状就麻烦了。让村民支持，就必须要让他们不断有获得感，要让他们看到前景。王书记让村民有了获得感，除分红、"上楼"、就业以外，K村由一个普通村庄变成P市重要的乡村旅游地，变成最美乡村，环境条件、基础设施有了极大改善，这些都是有目共睹的。

K村甚至投资6000万元与空军蓝天幼儿园共建了K村蓝天幼儿园，是P市农村最好的幼儿园，吸引了不少P市市民送子女来K村上幼儿园。

王书记说，一个好的书记要发展集体经济做成事业，就必须"用好昨天的钱和明天的钱来做好今天的事情"。王书记当书记十多年时间，抓住了各种机会，通过不断描绘蓝图利用政策吸引资本动员村民，做成了一般条件下根本不可能做成的事业。

将K村由一个普通村建设成为明星村当然不会一帆风顺，其中要克服的最大困难有三点：一是如何筹资，二是如何说服领导支持，三是如何获得村民支持。仅仅说服领导支持这一点就很不容易。K村是借用P市旧村改造的政策机会开始走上凤凰涅槃之路的。上级领导希望有村庄通过发展形成亮点，成为地方政绩。一个乡镇、一个区县甚至一个地市，有几个明星村，就相当于有了亮丽名片。因此，王书记用昂扬的热情描绘美好的蓝图，下定决心建设美丽乡村，要将K村打造成为当地名片，是符合上级领导期待的。上级领导又不愿为此承担风险，包括建设半途而废的风险，违反政策的风险，村民上访告状的风险。美丽乡村工程建设成为烂尾工程是相当普遍的现象，必须要防。那么多投入，任何一个环节出了问题都可能造成不可估量的严重后果。

实际上，K村发展过程中，上级领导确实也用相对复杂的心态来对待，有支持，有怀疑，有反对。王书记胆子大，行动力强，又有足够的耐心。上级支持就采取快进模式，上级怀疑就先斩后奏，上级反对就避其锋芒。因为时间足够长，前期投入足够多，王书记就有了足够的运筹腾挪空间。最重要的是他安抚好了村民，村民满意，没有人上访告状，区、镇两级也就没有办法来限制K村的建设，K村就在王书记的精心经营下走上了明星村之路。

集体经济是什么？村干部的权力边界在哪里？K村将所有农民的土地承包经营权收归集体，成立了以农民土地、户籍、资源资产入股的集体经济合作社或股份合作社，这种股份合作社的主体就是全体村民。按统计，目前K村集体资产已达20亿元，村民人均资产超过100万元，虽然现在村集体收入仍然有限，采摘农业和玫瑰园观光的门票收入最多只能应付支出，村集体几乎每年都是收不抵支，但K村必须为每个村民每年分红1万元。这是村民的期待、福利，与村集体经营是没有关系的，即使借钱也要分红。当然这也是王书记的策略，因为只有给村民分了红，村民得了好处，他们才不会上访告状，上级也就只能对K村的发展模式听之任之。而只要村民仍然可以白得好处，村集体有办法（即使借贷）将这样的好处发下去，村集体就可以继续维持运转，K村明星村地位就可以保持。

如果K村各项经营不成功，集体经济每年都入不敷出，也无力偿还借款本息，也就无法再借到钱来为村民分红，这时村民是绝对不会作为村集体经济合作社股东来承担集体债务的。不仅不会承担债务，而且因为没有了白得的分红好处，村民会责怪村支书，会反对村支书，会上访告状。面对村一级出现的问题，区、镇两级就不得不介入进来，调解矛盾，清理整顿，承担责任。因为问题足够大，区、镇两级善后的办法之一是给予村集体特殊的政策支持，帮助村级化解债务，克服困难，并在此基础上继续维持。对主职村干部，可能继续任用，让他"戴罪立功"，或者换新人上来。

村集体是村社集体土地的所有者，但当前村社集体土地所有权基本上都被承包经营权架空，村集体土地利益基本上都掌握在承包土地的农户手中。也就是说，村社集体不过是全体承包土地农户的利益之和，并非一个独立的法人行动者。当王书记将政社合一的村集体打造为一个股份制企业时，虽然他可能借用市场和行政两个渠道来进行，这个打造却存在着责权利的巨大错位：村民只关心利益，绝对不承担责任，村支书以村集体名义向外借贷建设村庄，村支书的实际任免权却掌握在区、镇领导手上，区、镇领导关心政绩，却不可能为村社经济发展提供最后兜底。结果，当 K 村发展顺利时，一切都似乎不错。一旦发展出现问题，就谁也不会负责任，村社集体的责权利就会陷入困境，最终，明星村就成了烂尾工程。

当前，行政村一级既是基层行政建制，又是经济组织，是政社合一的组织。无论如何改造，经营村社集体的村支书既不是法人治理结构的代表，又不是自然人治理结构的代表，村支书利用集体经济组织代表的身份搞经营，只要村民不反对，上级政府默认，他就可能利用各种机缘巧合调动巨大体量的资源，运气特别好时，这个普通村就可能建设成为明星村。但是，在责权利不匹配、村民只要求短期利益而根本无长远考虑也不会担责的情况下，调动而来的巨大体量资源几乎没有多少成功的先例。K村的发展模式是高风险模式，成功率是很低的。

　　珠三角以及苏南地区的农村集体经济发展得不错，是因为珠三角和苏南地区农村大量集体土地用于二三产业，村社集体收取高额土地租金，从而使集体收入有了保障。相对来讲，租金收入是透明的，具有很大确定性。因此，村社集体以不可移动的集体地产来获取相对稳定的租金就具有一定的可持续性。面向市场进行经营的村集体经济却因为市场本身的不确定性而很难预防村干部的道德风险。因此，在市场经济充分发育的条件下，苏南集体性质的乡镇企业在20世纪90年代中期进行了彻底改制。

2017年9月15日

村支书的大田梦

1995年以来,程书记从部队复员后一直担任武北村村支书。武北村是淮河边的一个普遍村庄,1100人,2200亩耕地。程书记最大的梦想是将分田到户时分得十分细碎的土地,小块并大块,形成适度规模经营。程书记认为,小田并大田才是当前"三农"工作的关键。小田并大田,整个农村工作就可以理顺了。可惜,土地确权后,小田并大田更加困难了。

淮河流域土地肥沃,麦稻连作,水稻亩产可以达到1300斤,小麦700斤,麦稻两季总收入可达2800元/亩,家庭投入劳动不计,扣除生产成本,可获收入1500元/亩,种30亩地,一年收入4.5万元。虽然有点儿辛苦,与外出务工相比,却可以保持家庭生活完整,兼顾照料家中老人小孩。因此,村庄中有相当一部分青壮年夫妻通过土地流转来形成适度规模经营。武北村耕种规模30亩的农户有20多户。他们自发流转形成适度规模经营,每亩土地流转费二三百元。

流转费之所以这么低,一个重要原因是土地过于细碎。分田到户时,先将土地分等分级,再按人均分,因此农户承包的土地都很细碎。土地确权进一步将土地细碎分散的格局固定了下来。

耕种30亩地,分为几十块,造成严重的耕种不便,尤其难以适应农业机械化的需要。如果将细碎耕地小田并大田,农户劳动力投入和生产成本大概要下降三分之一。

程书记想，虽然农户个体无法做到小田并大田，村集体却可以做到。具体的，他有两个设想：

第一，将全村所有耕地按600元/亩租金收归村集体经济合作社，合作社再将耕地重新划片，形成连片大田后，再以700元/亩转包给愿意耕种的农户。

第二，通过合作社，将所有农户土地流转过来，通过全托为农民提供服务，也就是由合作社组织耕种全部的农地，按保底价+分红（保底价租金600元/亩），来解决当前耕地细碎的问题。

程书记以上两个设想都是要解决耕地分散不方便耕种的问题。通过小田并大田，大幅减少生产投入，节约劳动力，就可获得农业收益的净增加。

程书记的想法受到进城不再种田农户的热烈欢迎，因为这样，进城农民可以获得比较高的租金收入，还可能分红。但是遭到村庄正在种田的"中农"的强烈反对。一方面"中农"希望自己种田有收益，另一方面耕地集中后，租金由二三百元涨到六七百元，利益就会受损。同时，村庄仍然有70%的农户家庭，其老年父母仍在种地，他们也不愿意将土地流转出去。更大的问题是，合作社流转耕地后，由合作社来经营，如何保证合作社能有效经营，这是一个大问题。程书记的设想是买农业保险，万一亏损，有保险兜底就问题不大。但是，保险只能预防意外，却不可能解决合作社村集体组织存在的"搭便车"行为和无效率问题。

实际上，程书记所在的村的附近就有一家国有农场。国有农场的土地制度、经营体制与农村土地制度、经营体制差异很大，国有农场的耕地只是有限度地租赁给农场职工，农场职工没有长期不变的耕地承包权。

因此，农场可以依据农业生产力发展的需要和职工实际耕种经营需要，对土地进行调整，可以做到一户一块田——当然是一块大田，从而可以极大地降低生产成本，提高农业收入。

程书记的大田梦就是学习国有农场的现行土地制度，解决当前农地细碎化的问题。他认为，一旦农地细碎化问题得以解决，农业问题迎刃而解，"三农"大部分问题也就迎刃而解了。

程书记以为，当前村级治理中有很多烦琐的工作，村级工作没有抓住重点和要害，村级工作中的重点，就是要解决当前土地不集中连片、细碎化导致农业生产力水平低下的问题。

现在的问题是，当前的土地确权依然没有解决地权分散和由此造成的地块分散，农地制度不能适应现代农业的要求，片面强调农村土地承包权长期不变。如果农地政策不改变，程书记的大田梦也就只能是梦了。

2021 年 4 月 18 日

乡镇机构与民政工作

M 镇是湖北 T 县的一个普通农业乡镇，全镇有 2.2 万人，22 个村居委会。

M 镇有 30 个公务员编制，其中 3 个正科级领导职务编制，实际在编 28 个公务员。此外，镇财政所有 12 个在编人员。

M 镇领导班子成员为 9 人，3 个正科级领导职务是上级定编时就确定的。领导班子成员中，党委书记 1 人，镇长兼副书记 1 人，2 个党委副书记（一个分管政法、综治、招商和工业，另一个分管政协、宣传、组织工作），纪委书记 1 人，2 个副镇长，2 个党委委员（分别是宣传委员和组织委员，组织委员兼武装部部长）。按有关规定，党委书记、镇长和纪委书记必须异地任职。

此外，还有镇人大主席和政协联络组组长。2016 年之前，镇人大主席由镇党委书记兼任，另设一名人大专职副主席，为副科级。2016 年开始，镇党委书记不再兼任人大主席，而由专职副主席升任镇人大主席，并正式明确为正科级干部。2016 年之前，政协联络组组长一般由一名正科级班子成员兼任。2016 年以后，政协联络组组长仍然由班子成员兼任，降为副科级。现在的人大主席不是班子成员，但可以列席班子会议，可以发表意见，没有表决权。

镇党委副书记肖军之前在邻镇财政所工作，2004 年调到 M 镇当办事员，正股级干部，2007年后调到组织办，2010年3月升任专职党委委员，没有具体职务，由党委分配分管工作，副科级。2011年任党委委员兼副镇长，2016年9月升任副书记兼政协联络组组长，仍然是副科级。

除领导职务以外，M镇还有4个正科级非领导职务干部。非领导职务有两种情况：一是有职务却非领导，正科级即为主任科员，全镇现在有2个主任科员；二是正科级干部，没有职务只是享受正科级待遇，其中包括从领导干部岗位上退下来仍然为正科级的干部。此外，还有一种正科级待遇，是针对职务升迁机会有限而工作时间长的公务员的提升，这种类型在职级并行之后会多起来。一般情况下，担任副科级干部15年以上，级别可以上升一级，享受正科级待遇，科员升副科级干部的时间则只需要12年。职级并行对基层干部很重要，因为基层干部缺少升迁机会，工作若干年可以享受高一级待遇，对基层公务员是有很大激励作用的。享受正科级待遇必须要由上级组织部门考核审批，并非都可以升至这一级待遇。

新进公务员试用一年，一年后转正定级为正股级。理论上正股级满3年后有资格提拔到副科，3年以后副科有资格提拔到正科。不过，在乡镇升级提拔是相当不容易的，正如我们访谈的镇党委副书记肖军，2010年就是副科，8年后仍然是副科。不过，现在的副科级别已是镇党委副书记。通常情况下，在乡镇一级由同为副科级的副镇长到镇党委副书记被视为重用，只有当了党委副书记才有资格成为镇长候选人，由副镇长直接提拔升任镇长几乎是不可能的。

T县每5年一次乡镇换届，乡镇党委书记和乡镇长人选，空降和提拔的一般各占一半，全县10个乡镇，每次换届都有3~4名副书记升任乡镇长，4~5名乡镇长升任书记，一半现任乡镇党委书记调到县局任职，个别书记会提拔为副县级干部。空降以县委办公室、组织部、宣传部等部门的副职干部为主，大概空降一半的乡镇长和一半的书记。

全县10个乡镇就有20个除兼任副书记的乡镇长以外的党委副书记，每次换届能提拔5个副书记当乡镇长就很不错了。由此可见，在乡镇由副科上升到正科有多么大的难度。而且由副书记提拔为乡镇长，由乡镇长提拔为书记，往往还要从相对富裕、条件好的大乡镇到相对贫困、偏僻的乡镇任职。从山区乡镇同级调到平原乡镇也是重用。

提拔干部的权力主要掌握在县委书记手上。县委书记必须考虑工作的开展，乡镇书记、乡镇长两个人中至少要有一个在本地工作时间长的人来支撑，或是一个业务过硬的人来当乡镇主要领导，不然工作做不下去就不好办。如果乡镇党委书记、乡镇长都是新来的，县委书记就一定会安排一个很得力、十分了解当地情况的副书记，以确保工作的顺利开展。

乡镇领导班子换届，县委书记必须考虑班子的稳定与工作能力，必须要搭配好班子，以利于下一步工作开展。

现在乡镇工作十分辛苦，难度大，责任重，几乎没有休息日。因此，乡镇公务员都不安心，甚至班子成员也不稳定。T县仅2018年就有两位乡镇党委委员、副科级干部辞职，两位都是女同志，都辞职回家照顾家庭。其中一位1985年出生的女同志长期加班，流产几次，不得不辞职。

2017年，全国公务员进社保，公务员养老保险已与单位脱钩，辞职后自己交社保，将来到社保局拿退休金，与工作单位无关，解除了公务员辞职的后顾之忧。

2008年开始有选调生进乡镇工作，2010年"三支一扶"大学生可以优先考乡镇公务员，大学生"村官"也允许优先考公务员。2015年以后，

M镇先后有10人通过考公务员等形式进乡镇工作，不过现在这10人全都考走或调离。他们到乡镇工作不安心，从来乡镇工作的那一天起就是将乡镇当作过渡，有机会就走人。

T县实行绩效工资制，除规定12个月的工资以外，第13个月发基本工资，只有几百元。此外就是5.5个月的绩效。绩效主要包括三项，即综治、党建和文明单位，此外还有档案达标和目标责任考核。

一般情况下，县里各单位很难全部拿到5.5个月的绩效工资或政策工资。能拿到5.5个月政策工资的单位主要是县里的权力单位，比如四大办（党委、政府、人大、政协办公室）、组纪宣、政法委、财政局、公检法等。在绩效评定中有一票否决权的单位和有县党委常委的单位，都是可以拿到5.5个月绩效工资的单位，其他单位能拿到4个月绩效工资就相当不错了。实行5.5个月政策工资本来是希望调动各个单位的工作积极性，是一种激励机制创新，但在实践中很快就变成了权力单位的特权展示。每年年终，都是这些权力单位全额发放，这显然是弊大于利的。

因为这5.5个月政策工资是由各单位自筹，单位有经费就按大口径发钱，单位没有经费就按小口径发钱，有一些偏远贫困乡镇无钱可发也没有办法。

有些项目属于"一票否决"项目，比如班子成员受到处分就被一票否决，那么所有干部一年到头就只能拿13个月工资，不仅收入少，面子上也很难堪。

应该说，在湖北农村，T县乡镇工资还算比较高的。以副科级为例，每个月的工资有4000元，另外每个月还有车补（550元），电话补贴、住房补贴（500元），乡镇补贴（500元），每个月的补贴共计1550元；另外5.5个月政策工资，按3个月计算，每个月补6000元，就是1.8万元。累计一年最多可以有约 8.5 万元收入。

与湖北不同，河南、湖南公务员工资结构是每年 13 个月的工资以外，只要完成上级各项任务，单位年终考核合格，未被一票否决，就都可以拿到 2 万~3 万元年终奖励。

2006 年，乡镇综合改革设立"三办一所"，即党政办、社会事务办、经济发展办和财政所，现在只剩下党政办和财政所。乡镇政权只有工作分工、没有机构分立，每个乡镇工作人员都是身兼数职，基本上没有专职专岗。

2006 年，M 镇乡镇事业单位进行"以钱养事"改革。全镇共有 14 个"以钱养事"岗，这些岗位都是相对固定的，只是他们既非公务员又非事业编制人员，而是社会人，岗位收入由财政拨付。另外，还有若干名 3 年一聘的"公益岗"人员，由专项资金来发工资，包括乡镇自筹经费。"以钱养事"岗每年收入 2 万多元，远远不足以维持基本生活。因此，"以钱养事"的社会人基本上都有第二职业。

M 镇之前的七站八所"以钱养事"人员情况如下：民政办 1 人，农机站 2 人，农技站 3 人（公益岗 2 人），畜牧站 1 人（公益岗 2 人），计生办 1 人（公益岗 2 人），水利站 1 人，水产站 1 人（管 2 个乡镇），林业站 3 人（管 3 个乡镇），文化站 1 人，城建办 3 个公益岗。

后来各站所后继无人，农技站、水利站、民政办的骨干都即将退休。站所工作普遍技术性很强，需要对地方情况熟悉。没有长期在当地工作的经历，即使找到新的工作人员也很难在短期内熟悉工作，做好工作，尤其是抗旱排涝防灾期间，一旦出问题就是大问题。

此外还有垂直管理单位：国土所 3 人；派出所 5 个干警、2 个辅警；税务分局 2 人，管 2 个乡镇；工商所 2 人，管 2 个乡镇；人社中心 4 人，管2个乡镇；药检所3人，管2个乡镇。另有卫生院1所、中小学校若干。

最后来说一下财政所。

2010年，财政所与经管站合并，改称财经所，之前经管站只有1个"以钱养事"人员，编入财经所。2006年湖北省乡镇事业单位"以钱养事"改革前，M镇财政所只有2人有固定编制，其余9人均为工资自筹人员。"以钱养事"以后，财政所所有人都有了财政编。目前M镇12个财经所人员中只有5人在工作，7人基本上是休闲状态。实际上，乡镇财经所只要3个工作人员就足够了，即1个所长，1个预算会计，1个农村经管人员管农村财务。本来十分重要的由财政发工资的农技站、水利站等部门人员却成了"以钱养事"的社会人。

乡镇工作人员少，因此几乎所有人都有很多项兼职。比如党政办主任兼职统计站站长、机关书记、驻村第一书记、片区工作组组长，协助副镇长分管国土、城建、环保工作。县直单位有100多个，乡镇只有20多个公务员，就真是"上面千条线，下面一根针"。

现在管理权、审批权、执法权都在上级，出了问题、有了矛盾则由属地管理，责任归到乡镇。事权与财权也不匹配。现在乡、村两级干部受处分是常态，不受处分是例外。这几年，全镇有一半的村支书受到了各种各样的处分。村支书受到处分，驻村干部也要负连带责任。

现在基层工作中缺少容错机制。乡村干部普遍反映，乡村干部成了砧板上的肉，处不处分看上级的心情，所以大家都不愿干事——干得多错得多。

M镇民政办只有一个专职工作人员，姓汪，1987年以来他一直从事民政工作。2006年，湖北省进行乡镇事业单位"以钱养事"改革，汪主任因此从吃财政饭的事业编人员变成"以钱养事"的社会人。2017年，他每月工资是2480元。2018年上调工资，连同养老保险和医疗保险一年有4万多元，真正拿到手的有3万元多一点儿。民政办除汪主任这个专职工作人员外，还有一个公务员兼民政办副主任，但不管具体的事情。

乡镇民政办的工作十分庞杂，主要有以下若干项：

（1）社会救助。①城镇低保户23户，2018年上半年发放城镇低保4.5万元；②农村低保户334户，2018年上半年发放农村低保67.42万元；③农村五保户307户，2018年上半年发放五保金126.97万元；④救助孤儿4人，2018年上半年发放救助金2.16万元；⑤20世纪60年代精简体制老职工救助，若干人；⑥医疗救助；⑦临时救助。

（2）优抚工作。①军烈属，烈属抚恤金每月1900元，烈属包括烈士的父母、未成年子女，全镇享受待遇的有200多人；②退伍军人；③伤残军人；④复员军人；⑤红军失散人员，最多时有20多人，现在还有1人；⑥参战参试军人；⑦带病回乡退伍军人。

据2017年数据统计，新中国成立以来，M镇共有复员退伍军人500多人，按国家政策规定，年满60岁的军人每月可以享受350元的生活补助。目前全镇享受补助的复员退伍军人大约50人。

（3）救灾救济。

（4）高龄老年人补助。年满80岁老年人每月发50元，满100岁老年人每月发200元。全镇超过80岁老年人共有575名。

（5）三类留守人员的管理与统计。全镇有留守儿童600~700人，留守老年人1000多人，留守妇女300~400人。民政办负责三类留守人员的统计和动态管理。

（6）残疾人管理。全镇共有一、二级残疾人329名，其中有176人被纳入低保中。M镇与全国一样对一、二级残疾人进行"两补":生活补助和护理补助。一、二级残疾人生活补助为每月100元。如果纳入低保户则另外再补50元。

(7)福利院管理。

(8)接待来访。

(9)基层政权建设。

(10)其他事项。

所有这些工作几乎都是由民政办一个工作人员完成,仅仅制作报表就要花费巨大精力。

M镇以前的农村低保标准线为人均年纯收入3700元,2018年4月调整为年纯收入4030元,低于这个标准的农户一律纳入低保户,应保尽保,不足部分进行补差。按当前M镇实际操作的"补差"水平,大概每个低保户每月可以补200元,最高一年补到4030元封顶,即对家庭中几乎没有收入的农户进行全额补助。这种情况很特殊,全镇也就10多户。

2015年之前,M镇共有1300多户农村低保户,其中有很多人情保、关系保、维稳保。2015年上级巡察提出整改意见,并通过大数据比对,凡是不符合条件的低保户都被剔除出去,剩下低保户300多户,只有过去的四分之一。

2016年以来,不仅通过大数据比对剔除了大量不符合低保条件的低保户,而且所有新增低保户都严格按程序进行评定。3年来,每年新增低保户10多户。从村庄调研情况来看,新增低保相当规范,且符合实际情况。汪主任说:"现在低保工作规范严格了,工作也就好做了。过去为低保上访的农民非常多,现在上访大幅度减少。"

虽然低保户变少了,但是国家并没有减少低保支出。2015年,人均可以获得低保金为每月50元，现在达到每月200元。低保户补助提高了，群众也满意，因为都是真正的低保户。

当前上访比较多的是低保边缘户。另外很多农户因为有家人得大病，希望被纳入低保户以提高合作医疗报销比例。M镇仍然坚持以农户收入来评定低保，而非简单将得大病者纳入低保。不是低保户，得大病农户也可以申请大病救助。M镇每年大病救助和临时救助花费也有近20万元。

M镇福利院有3名工作人员，其中1名院长，2名一般工作人员。他们的工资由政府支付，一般工作人员每人每月2000元，院长每月2200元。全镇五保户307户，只有21人选择到福利院，绝大多数五保老人选择住在村庄自己家中。现在还有五保老人希望集中供养，但床位有限，M镇正在新建有100张床位的新福利院。

五保户之前每年每户的供养费用为7330元，相对来讲，集中供养的供养费较分散供养每人要高大约1000元。现在已经涨到年供养费8500元，且集中供养与分散供养每年支出都是8500元。五保老年人也可以额外得到新农保、高龄老年人补贴，若是残疾人还可以获得"两补贴"。另外，五保户看病是不花钱的。

五保老人身体好时是不会到福利院集中供养的，来福利院的都是年龄特别大、生活不能自理的老年人，包括一些重残人员。3名工作人员忙不过来，老年人就组成互助组相互照顾。

2017年，福利院有一名老年人外出走失，找到时人已经死亡。还有一名老年人在福利院上厕所时死亡。好在死亡五保老人的亲属没有来闹事。福利院因此坚决不再允许集中供养的五保老年人单独外出，若要外出，福利院就要求有村干部批条且有亲属陪同。福利院活动范围有限，就使得五保老年人除非生活不能自理，否则是坚决不愿集中供养的。

过去几年来，乡镇民政办信访的主要原因是为农村低保。最近几年低保规范化之后来上访的人大幅度减少。

H镇是湖北省X县的城关镇，现在有12万多人，下面简单介绍H镇乡镇干部的情况。

（1）H镇班子成员。班子成员共有9人，其中正科2人，副科7人。书记，正科；镇长，正科；分管组织工作副书记，兼任政协联络组组长，副科；副书记，分管综治信访维稳，副科；纪委书记；宣传委员；组织委员；副镇长兼党委委员；副镇长（党外人士，非党委委员，班子成员）。

另设人大主席1人，之前是副镇长，提副书记没有提上去，就提拔为人大主席，正科，非班子成员。

（2）公务员和事业编。全镇共有48个公务员，实际编制没有这么多。这48个公务员基本上都是2005年前留下来的，年龄结构比较老化。现在进党政班子必须是公务员身份。

全镇有事业编干部34人，其中林业站2人，司法所2人，财经所30人。另外还有4名干部既非公务员，又非事业编干部，被作为工勤编，由财政发工资。

（3）新进大学生公务员。最近几年每年都有2个新进大学生公务员，这些年轻人都留不住，目前仍然在镇里工作的只有3人。

（4）六大中心。目前镇里六大中心为城建与环保中心、水产水务中心、计划生育与人口管理中心、农业技术发展中心、文化服务中心、劳动就业服务中心。自2006年乡镇事业单位"以钱养事"改革以后，新成立的六大中心都由仍然留用的大约20名"以钱养事"人员支撑。不过，这20名"以钱养事"人员基本上不参加实际工作，原因是他们一直带有强烈抵触情绪，且都有第二职业。

（5）"以钱养事"改革。2006年乡镇事业单位"以钱养事"改革，共有98名"以钱养事"的社会人，现在仍然上班做事的只有10多人，其他人名义上"以钱养事"，实际上收入没有保障，都从事第二职业去了。"以钱养事"改革，站所被废了，人心散了，每个月的"以钱养事"的钱照发，事情却没有人做。仍然上班的10多人每月发3100元，未上班的每月发700元生活费。"以钱养事"人员、公务员和事业编干部的最大差异是退休待遇。

（6）H镇干部的一些说法。H镇干部说，取消农业税前，工作的好坏主要看结果，现在讲程序，要规范，要办事留痕。过去是"抓住老鼠就是好猫"，现在讲程序，问题是很多程序不见得适用。举个例子，现在上级让大家开"屋场会"，这个会很好，能拉近干部与群众的关系。问题是办事留痕要准备很多资料。上级要求一个月开两次会，每次开会必须要有专人整理资料，如会议方案、会议时间、会议通知、会议内容记录、参会人员；前一天碰头会的记录、资料整理；第二天开会时的签到表、会议记录、现场照片、手机定位；第三天将会议材料装订、上报镇扶贫办。结果，开半天会，整理资料就需3天时间。

现在乡镇做任何工作都要按程序，工作程序化至少要增加基层干部三分之一的工作量。县里有很多人分工负责，所以程序复杂也能应付。乡镇每个人都要做很多事，程序一复杂，事情就做不了。很多部门都要程序，集中到乡镇，乡镇就做不来了。

乡镇工作真正的责任人是乡镇党委书记、乡镇长，其他班子成员调动十分频繁，做两年就调走了。所以很多工作都是主要领导直接将事情交给本地一般干部去做，而不是交给分管领导去做。

H镇民政办有4名工作人员,其中2名公务员分别是主任、残联副理事长,另有2名"以钱养事"人员。民政办主要工作如下:

(1)特困人员救助供养。特困人员救助供养包括3种人:五保户、孤儿、重度残疾人员。特困救助供养费用,2016年每人每月600元,一年7200元;2017年每人每月670元,一年8040元;2018年每人每月740元,一年8880元。

特困人员集中、分散救助供养经费是相同的。全镇特困人员集中救助供养28人,分散救助供养182人。救助供养的特困人员一般都倾向分散供养,在家自由,且每人每月740元救助是比较高的。目前在福利院救助供养的都是重残、生活不能自理的特困人员。前几年高峰时福利院有特困人员70~80人,现在只有28人。

目前上级每年拨给福利院10万元经费,此外上级按实际失能人员数量补护理费,一般一名失能人员一个月补330元护理费。福利院一共有7名工作人员,其中1名院长。4名公益岗人员,是当地的农民,给福利院做饭、管生产等,每人每月2000元工资。另外还请了2个护理人员,每人每月2000~3000元工资。

(2)社会救助:城镇低保1800户,每人每月550元。农村低保1700户。农村低保是按标施保,按年4680元进行"补差"。4680元的最低生活保障线比当地年4200元的贫困线要高。目前H镇平均"补差"水平为每人每月200元。最困难的低保户按每人每月470~490元兜底。

农村低保以户为单位,按标施保,分人救助,低保家庭有劳动能力的人不能纳入低保救助范围。农村低保一般只救助低保家庭中的老弱病残、没有劳动能力的人。如果家庭主要劳动力重病,全家可以纳入低保。低保只是生活救助。H镇60%的农村低保户为大病重残家庭。年满

18周岁的未婚重残人员可以与家庭分户，以个人名义纳入低保。其他低保户中还有中年丧妻或丧夫家庭、五保边缘户等。

2016年之前，H镇城镇低保有3000多户，农村低保有2000多户。开展大数据比对以后，城乡低保户减少了接近一半。农村低保救助力度大幅度提高，由之前平均每人每月50元增加到每人每月200元。

（3）优抚工作。全镇复员退伍军人接近2000人，享受待遇的有600多人。

（4）留守关爱体系建设。调查摸底，建立档案，搞活动，建阵地。

（5）残疾人帮扶。一、二级残疾护理费每人每月100元，低保家庭另外有50元生活补贴。全镇残疾人超过1000人，其中一、二级残疾人数达400人。

（6）救灾救济。

（7）基层政权建设。

乡镇干部是中国乡镇一线的最基层干部，工作时间长，工作量大，工作干得越多，越容易出错。如何提高乡镇干部积极主动性，是一个值得讨论的问题。

2018年10月5日

"以钱养事"改革回头看

2006年,湖北省在全国率先开展"七站八所""以钱养事"改革,口号是"花钱买服务,养事不养人"。当时全国包括湖北省的专家学者几乎一致为"以钱养事"改革叫好。但我们在其后的调研中发现了"以钱养事"改革中出现的问题,其中最重要的是改革者不了解乡村工作的性质。在"七站八所"提供的服务具有显著专有性和地方特殊性的情况下,是不可能形成一个供地方政府购买的公共服务市场的,而且因为信息不对称,地方政府不可能对购买服务质量进行评估。正因为乡村公共服务具有特殊性、地方性,现有的"七站八所"在实践中存在较多的问题。

2018年,我们到武汉郊区H镇调研,再次关注了乡镇事业单位"以钱养事"改革情况。从调研情况来看,"以钱养事"改革未达到预期目标,应当汲取改革失败的教训。

H镇是2002年由两个乡镇合并而来的,共有11万人,是一个很大的乡镇。2006年"七站八所"改革共涉及160名乡镇工作人员。这些站所包括农技站、农机站、林业站、计生办、畜牧兽医站、城建办、水产站、文化广播站等。这些站所人员大致有两种类型:一种是干部身份,包括大中专毕业分配和通过考试获得事业编的人员,占到全部站所人员的一半多。还有一部分为聘用人员,包括相当一部分临时聘用而没有编制的人员。从站所来讲,畜牧站、城建办、农机站、文化广播站等是没有财政经费的，农技站、林业站等站所则是全额财政拨款的。

2006年"以钱养事"改革前，H镇设有8个管理区，"七站八所"大部分人员在管理区工作，编制在站所，人在管理区协助乡镇抓农村基层工作，尤其是负责收粮派款、计划生育、冬修水利。因为与农民比较接近，也提供各种农业农村的公共服务。

"以钱养事"改革前，H镇农技站共有20名技术员，"以钱养事"改革时有3人年龄超过47岁，就没有参加"以钱养事"改革，而将编制调到区农业局，现在已经退休，每月退休金5000元，没有受到改革影响。另外17个职工，其中13人为大中专毕业生，分配到H镇农技站工作，4人为招工聘用，是通过考试正式聘用的有编制的干部。

"以钱养事"改革取消了站所事业单位设置，改称"民办非企业"，站所职工不再是干部而是社会人。民办非企业的社会人与地方政府的关系不再是行政领导上下级关系，而是以民办非企业的市场关系提供公共服务，地方政府购买公共服务，地方政府"花钱买服务，养事不养人"。理论上，地方政府是从市场上买服务，并非只能从民办非企业购买服务，也可以从其他市场主体购买服务。实践中，因为由站所改制而来的"民办非企业"的社会人必须要有收入，地方政府就按往年给站所平均拨款水平核发当年购买服务的经费。改革前站所职工工资基数是1999年核定的，为每月580元，改革后即以每月580元来计算购买服务的投入，其中社会人的收入包括三项：一是劳务报酬（每月580元），二是"五险"（没有"一金"），三是物化补贴，即之前的办公经费，每人每年2000元。一年下来社会人可以拿到大约1万元的"以钱养事"收入。

"以钱养事"改革是从存量改革开始的，即所有过去拨给"七站八所"的钱照拨，只是不再是工资而是公共服务费。以前站所工作人员是单位人，是国家干部，现在则是社会人，与地方政府之间是市场关系。地方政府与民办非企业的关系不再是上下级关系，而是两个市场主体之间的关系。地方政府按过去财政拨款力度来购买公共服务，民办非企业理应提供过去同等水平的公共服务。

现在地方政府几乎不可能对民办非企业的社会人提供的公共服务进行质量的考评，既缺乏考评标准、手段，也缺乏考评的积极性（动力）。民办非企业的社会人过去是事业单位的干部，是体制内的人员，现在是社会人，未来不再有保障，他们必须考虑未来的出路，到外面谋取新的获利机会，而不可能再安心提供公共服务。

因此，H 镇"以钱养事"改革以后，"以钱养事"人员不再安心提供公共服务。H 镇农技站参加改革的 17 个职工通过投票选出一个人留守负责协调行政职能部门和农技推广，对接地方政府，其余 16 个职工均外出务工或经商去了，每年仅仅召开两次会，最多一次也只有 12 人参加。即使开会也没有实质性内容，大家发一发牢骚。"以钱养事"人员收入则都是一样的，每人每年 1 万元，多年未变过。也就是说，"以钱养事"改革以前，H 镇农村的农技服务要说不够好或需要提高的话，改革以后，这个不好的或需要提高的农技服务也没有了，真正到了农技推广"人散线断网破"的窘境。

2012 年，H 镇"以钱养事"人员每人年收入 1.8 万元，6 年多收入几乎没有涨，而同期同龄参加工作的体制内干部年收入已接近 10 万元。"以钱养事"人员因此持续上访，到 2013 年"以钱养事"人员每人增加了 5000 元服务费（其实根本就没有服务），达到每人年收入 2.3 万元。受到上访有成效的鼓动，2014 年，湖北省"以钱养事"人员持续上访，H 镇"以钱养事"人员的年收入也持续提高。2015 年，达到每人年收入

3.8万元。2017年，达到每人年收入7.4万元（含"五险"），拿到手的也有5.5万元。可是，2017年H镇体制内干部每人年收入已达15万元。

现在"以钱养事"人员成了湖北省地方治理让人头痛的群体，他们持续上访要求提高待遇，而他们已经10多年未提供任何公共服务了。"以钱养事"改革的结果是政府钱没有少花，地方为农民提供的公共服务却大幅减少。原本对前途充满期待的乡镇站所事业单位干部职工经历"以钱养事"改革后，成了问题人群。

H镇过去管理区主要工作人员是"七站八所"事业单位的干部职工。在2005年撤销了管理区建制，原以为取消农业税后乡村工作难度会大幅度下降，直接由乡镇来管理行政村就可以治理好农村，在实践中却出现了诸多问题，尤其是诸如计划生育、安全维稳和各项中心工作，仅靠40多个行政事业干部去推动，难以完成。因此，H镇在2011年重新设立了5个党总支部委员会（以下简称"党总支"），相当于过去的管理区。过去在乡村之间设立派出机构，因为有大量站所事业单位人员，很容易就可以派出专职工作人员。"以钱养事"改革以后，之前站所工作人员成了社会人，不再是干部，不大可能再派他们去党总支工作。2011年H镇设立5个党总支，共22名党总支干部，其中18人为"以钱养事"人员。这些人有专业技术，过去积累了大量基层工作经验，再就业却不顺利，因此，镇政府便以每人每年大约1万元补贴聘用他们到党总支工作。从H镇调研情况来看，这些在党总支工作的社会人具有很好的素质与能力，极大地提高了乡村治理的质量，缓解了乡镇基层工作人手不够的压力。

问题是"以钱养事"改革前，站所人员原本就是体制内人员，可以为乡镇政府调配，且站所工作人员中的"优秀"分子为乡镇政府以及区、县部办委局提供了巨大的选人用人空间。"以钱养事"改革后，不仅让乡镇失去了选人用人的空间和调配干部的能力,而且使站所优秀人员失去了上升渠道,站所对大中专毕业生也失去了吸引力。"以钱养事"改革以后,湖北省乡镇一级不再有任何大中专毕业生愿意到所谓"民办非企业"来当社会人了。再过几年,这些过去在站所工作的社会人退休了,乡镇就是有钱买服务,也没有人可以提供服务了。

2018 年 4 月 21 日

基层服务与运动治理

一三一

乡村办案

M省M街道纪委书记徐冰，从县纪委下到街道当纪委书记时，曾查处过一名村干部，令他终生难忘——原来查处村干部也不容易。

他刚到街道当纪委书记，就有丰台村村民来反映村财务问题，村民怀疑村文书贪污挪用村集体资金，可疑点是，登记在村财务100多万元现金在账上进进出出。徐书记派人查账，总账是平衡的，只查出宅基地的收费没有进账，被举报后，宅基地收费很快进了总账。此外，村总账比较乱，钱进钱出，用到哪里去了，从哪里进钱的，缺少明细，明显有收入没有入账，也有支出没有入账。说明有"小金库"。因此，徐书记决定从村文书身上突破。

因为之前在县纪委办过"双规"大案（"双规"现改为"留置"），徐书记对查处村干部是相当有信心的。他将村文书叫到县里宾馆控制起来，试图通过软硬兼施让村文书交代问题。没有想到，问了一天一夜，村文书一句话没有讲，只是沉默。之前以为村干部没有见过世面，心理素质差，一吓唬就会全都讲出来了，没有想到村文书心理素质很好，尤其是整个晚上似乎精力充沛，毫无被击倒的迹象。后来徐书记才了解到，文书在企业是上夜班的。

因为街道一级纪委没有"双规"的权限，只能谈话，村文书沉默，徐书记就毫无办法。为了防止村文书告徐书记非法拘禁，徐书记事先对村文书讲："叫你来，说明你肯定是有问题的，你要是认为自己没有问题就留在这里讲清楚，若有问题你就走。"文书既不走，也不说话。持续一天一夜之后，徐书记担心万一出事不好办，只好将村文书送回到他家门口。

徐书记的第一仗打败了。他判断村里财务肯定有问题，只是不知道问题出在哪里。送回村文书后，村民认为街道包庇村干部，持续上访。徐书记只能再调查。3个月后查到一个线索，就是一个企业租村里土地盖了厂房，企业效益不错，村里却没有租金入账。徐书记将企业老板叫来问支付租金没有，老板说付了租金。拿来收据一看，问题来了，因为收据上的公章是撤镇改街道之前的旧公章，10万元收据就是假收据了。再叫来村文书，拿出假收据，村文书一下子崩溃了。他说他做账时发现钱越来越多，自己也搞不清楚从哪里来的。他将钱藏在地板下了。因为涉案金额比较大，而"小金库"只能算违纪不能算违法，在缺乏手段的情况下，徐书记必须坐实一件证据，才能将案子送到县公安局经侦大队，因此重点追问企业老板上缴10万元租金的下落。村文书说其中5万元分给了村民，还有5万元借给亲戚做生意了。徐书记很快将村文书借钱给亲戚做生意一事办实，文书签字画押了，徐书记将案子移交给了县公安局经侦大队，法院以挪用5万元判了村文书的缓刑。其间，村支书因为担心被抓以及其他负债问题跑掉了。街道重新配备了村"两委"班子，村民满意，也不再上访了。

徐书记说，街道一级办案，时间、手段、力量都有限，不可能像县级以上纪委有"双规"的手段。因此，在村民上访时，即使发现了村干部贪污挪用的线索，一般也不敢随便办案，而要慎之又慎。一方面，面对村民上访反映的情况，街道纪委不可能不闻不问；另一方面，除非已经找到了完整的贪污挪用证据，否则街道纪委是无法将案子移送到县公安局经侦大队的，从而就没有力量与手段来彻查案子。不查办，村民认为街道包庇村干部，查办又缺少办案手段。将人控制起来却查不下去就只能放人，反而更让村民怀疑是包庇村干部。因此，查处村干部并非是那么容易的事情。

无论如何，这个案子徐书记还是办成功了，村文书被判了缓刑。也是在刚到街道当纪委书记时，徐书记还查办了坊前村的村支书，只是查办不成功。当时有村民举报村支书冒领征地地上附着物补偿款3万元，徐书记找村支书谈话，村支书很强势，不仅不承认，而且认为是街道故意为难他。实际上，举报村支书的是村委会主任。村支书和村委会主任是两派，村支书控制了村支部，村主任控制了村委会，两派斗争十分激烈。村委会主任试图以村支书冒领3万元将其告倒。村支书听到村委会主任告他的风声，找到支部委员，与支部委员一起造了一个用冒领款作为村招待费的会议记录，这样村支书冒领就不是贪污而只是违纪，把钱退回去了，最多只能给他一个党内警告处分。

在与坊前村村支书谈话时，街道党委书记、主任与徐书记一整夜都没有睡，随时掌握谈话情况。在没有充分证据的情况下，街道纪委不可能将村支书移送县公安局经侦大队，只能放人。放人也是有技巧的，因为坊前村不仅村干部分成了两派，村民代表和村民也都分成了两派，搞不好村里就彻底乱了，在坊前村同时开展的几项重点建设工程就可能做不下去。即使村支书有问题，若没有确凿的证据，街道也不敢随便查处。

经此两仗，徐书记对查办村干部经济案件变得慎之又慎。实际上，他到街道当纪委书记5年也就查办了以上两起村干部经济案件，而村民告村干部经济问题的上访是很多的。之所以不敢再办案，原因有二：一是街道纪委缺少办案的手段与人力资源；二是村干部是嵌入村庄的力量，反映村干部问题的上访往往是村庄内部斗争的延伸，弄不好街道就被卷入到村庄内部斗争中，从而将村庄搞得更乱更不好管理。

2021年4月18日

甘县的信访

2017年，我们到西北地区甘县（化名）调研，与县信访局的同志座谈，他们介绍了全县信访形势和经验做法，有若干说法值得记述，比如要牢固树立"发展是第一要务、稳定是第一责任"的理念。

各镇部门党政一把手全面落实辖区内的信访工作责任，形成"第一责任人、一口能够说清、第一时间反应"和"乡镇信访找书记、部门信访找局长"的基层一把手责任机制。

县委、县政府主要领导和分管领导亲自主持召开专题会议，分析研究化解信访积案和重点信访事项，按照"问题不解决不放过，信访人不息访不放过"的要求，对信访积案、重点信访事项和重点信访人员，逐案逐人落实县委、县政府包案领导，全部实行"一个案件、一名包案领导、一套工作班子、一个化解方案、一抓到底"的"五个一"工作机制，以及"包掌握情况、包思想转化、包解决化解、包息诉罢访、包教育稳控"的"五包"责任制。包案领导及时接访、约访、下访、回访信访人，确保问题妥善化解。同时，包案领导每月向县委、县政府领导汇报案件进展情况，努力推动信访积案彻底解决。

对重点信访人员，确定包案领导和责任人，领导带案下访与信访人谈心、交心，了解真实情况。对确有困难的，通过纳入低保、五保救助供养、大病救助、临时救助等途径全力解决他们的生活困难问题，教育疏导信访人放弃无理诉求。

依法处理，严厉打击非正常上访和违法上访。按照中央和省、市关于依法处置非正常上访工作相关要求，县委、县政府进一步统一了"非访属于社会治安问题"的定位与认识，建立健全综合整治非正常上访问题联合分析会商机制。同时，对非正常上访和违法上访行为进行依法处置，对4名涉访违法人员依法处理。恶意上访、非正常上访势头得到有效控制，全县信访秩序进一步规范。

座谈会后第二天，我们就听说4名涉访违法人员之一的王浒死在了拘留所。消息传来，县里领导高度紧张，担心引发新的不稳定事件。

王浒的上访是全县所有领导头痛又无解的难题。起因是13年前，他在县商业大厦所开的金银首饰加工店被盗，因此不停地找有关部门索要补偿。他找县商业大厦，状告县商业大厦安保不力；再找县商业局，状告商业局主管不力；再找公安机关，状告公安机关破案不力。

开始时，县商业大厦赔偿了他的部分损失。之所以没有全赔，原因是他自己也有责任，商业大厦要求将贵重物品妥善保管（带走或存放于保险柜），他没有做到，而且他自己所报损失有放大之嫌。他不满意，继续上访，商业局和各级政府陆续给了他一些政策上的照顾和小好处，比如低保、社会救助等，他仍然不满意，持续上访。王浒上访给县里造成巨大压力，县里下定决心解决这个问题。2010年由县商业局牵头，多方筹措资金一次性补偿王浒30万元现金，并签了息访协议书。很快，王浒又赴省进京上访，提出的赔偿额为数百万元，实际上王浒首饰加工店被盗损失最多只有几万元。之所以要求几百万元的赔偿，王浒的理由是首饰加工店被盗，自己再没生意可做，以及上访带来的精神损害与物质损失。刚开始上访，王浒是正常诉求，上访时间一长，尤其是与一些老上访户接触，就开始期望通过上访来获得更大利益。他偏执地认为，只要不断进京上访，给地方政府制造压力，还可以再次拿到一笔巨额的补偿。

王浒不仅越级上访，而且闹访，有很多威胁勒索信访部门"不给钱就上访"的证据，公安机关在掌握充分证据的前提下拘留了王浒。没有想到50多岁的王浒竟然会死在拘留所。

与王浒一起被拘留的还有万解。他以前是一名中学老师，交际很广，人也霸道，还喜欢上访告状，抓住小事死缠烂打，很快成为县教育系统的一霸。教育局对他没办法，县委、县政府也很头痛，因此协商将他调到县水利局，他也愿意。到县水利局机关后，万解天天找事，水利局也很头痛，就安排他到一个小型水库当管理员，他觉得自己上当了，拒绝到水库上班，一年后被水利局开除公职。他不断地上访，还通过手机短信威胁各级领导，手段越来越极端，因此被治安拘留。

县城边上的花石镇是全县上访人数最多的，王浒就是花石镇的村民。十九大召开前夕，这些上访人很可能借这个机会旧事重提，以赴京上访相要挟来达到个人目的。2017年年初，省里召开党代会，其间甘县一个乡镇的10个村民因为与制种公司有矛盾，到省委上访。省委主要领导有批示，从市到县影响很大，我们调研时，正自上而下追责，如何定性和如何处理还没有结果。镇主要领导都很紧张——最轻记人过，重则撤职。实际上，上访的10个村民与制种公司签制种协议后，制种公司未及时按合同约定支付制种款，这是市场合同纠纷，与镇政府无关，镇政府也没有预料到10个农民会直接到省城上访。

市、县的态度则是，镇里领导应当对形势有预判，没有预判预防，造成群体性越级上访，导致了不良的后果，镇领导自然要被追责。

因此，花石镇也对全镇所有可能出现的越级上访进行了摸底排查。

排查结果是有五六个老上访户可能借十九大召开越级上访，要挟地方政府解决其不可能解决得了的无理诉求。举几个例子：

第一例，李镇虎，2007年他儿子因白血病在服役期间病死，所在部队将死亡原因认定为病故，遗体火化了，补偿了家属1.4万元。2012年，李镇虎开始逐级上访，要求将他儿子列为因公牺牲。他通过上访获得了非常多的好处，其中包括地方政府为他买了一套商品房，享受到了地方政府给予的各种政策：低保、五保、孤儿照顾、社会救助、大病救助、军人遗属补助等。仅2016年李镇虎就从各级政府部门获得折合现金6万元以上的利益。这些利益的获益人为他们夫妻和其孙子3人。其间数次于地方政府一次性补偿后签息访协议，但他拿到补偿后立即再次上访，地方政府毫无办法。因为地方政府不可能将他儿子在部队的病故改为因公牺牲，部队当然也不可能改为因公牺牲。我们在镇信访办访谈前一天，李镇虎又到了省信访局，省信访局通知县里，县里又通知镇里，镇里刚去接他回来。

第二例，张新国，1999年他从另外一个乡镇迁到花石镇东联村，当时第二轮土地延包时间已过，村集体将22亩机动地划归他家耕种，没有签订承包合同。2013年村集体土地确权，他要求将这22亩土地确权到自己户头，村民代表不同意，只同意按全村人均2亩地给他家确权8亩，其余14亩土地算是租赁给他家，每亩每年要交300元租赁费。他不同意。后来镇里协调，将租赁费由300元降到200元。仅过了一年，张新国认为自己吃了亏，到县、市两级法院申诉，要求22亩土地都确权到自己户头，法院判他输了，他不服，从此走上上访之路。

第三例，殷贤，2005年村干部要求全村制种，他不愿意参与，在自家5亩地上种了玉米，到了玉米即将授粉时，制种公司、制种的农户以及村干部做工作，让他铲掉玉米，按实际损失给予补偿，他不同意，村干部无计可施，只好强行铲除了他家所种玉米。他不接受补偿，告到法院，法院判了按实际损失进行补偿，他不接受，从 2005 年开始将 5 亩地抛荒并持续上访。他现在要求的补偿是 50 万元，远远高出土地的实际收入。因为他要求的补偿不仅包括被铲玉米的损失，还有 12 年未种土地的补偿、上访所有路费、误工补偿以及精神补偿，所以成为死结。

第四例，刘成、刘冀兄弟，他们承包村集体果园，要求对村集体果园有长期的承包权，产生争议，无解，上访。

花石镇对所有可能发生的越级上访，尤其是可能赴京上访者进行了详细的摸底排查，并逐个进行包保解决或稳控。花石镇上访人数不少，但是镇信访办登记的信访案例却几乎没有。原来村民上访根本就不到信访办，而是直接找领导，尤其是找镇党委书记。花石镇前几年拆除了镇政府的围墙，"开门办公"，群众有事就可以直接找到镇党委书记。

拆除围墙，开门办公，由镇党委书记亲自处理各种来镇政府上访的问题，就形成了以解决问题为中心的基层治理秩序。这样一种基层治理，与一切按程序、无论事情大小难易或重要程度都先经过登记，再进入处理流程是不同的。这是事本主义的逻辑而非科层体制的程序主义逻辑。

当前中国农村正处在快速变迁当中，所有事端因果相连，环环相扣，十分复杂。对这些事端，最好的办法就是事本主义，直接解决掉，而不可能每件事情都通过严格严密的程序处理。

当前中国基层治理中越来越倾向正规化、程序化，办事留痕，所有问题的处理都要形成完整证据链，出现纠纷时，就调用程序所留下的证据来分清楚是非与责任。这样的以防万一，就造成了问题处理过程中办事留痕的程序主义，乃至官僚主义。花石镇拆除围墙，开门办公，上访群众可以随时找到镇党委书记解决问题，这样就将很多问题化解在起始的阶段。

从甘县的调研来看，信访方面存在以下一些现象：

第一，因为存在着信访的"一票否决"，尤其是国家重大会议期间，地方政府对赴省进京上访的高度敏感，所以倾向化解所有可以化解的上访积案。对无法化解的积案，也倾向通过包保责任制等办法进行稳控。

第二，当前对上访户的稳控办法越来越少，受到的限制越来越多，稳控就越来越难，因此不得不花费更大成本采取相对柔和的方式进行稳控。

第三，对农民上访的"厌恶"，使基层政府尽可能不惹事，想方设法解决治理中可能出现的各种问题，从而使巨变时代的中国基层治理中的诸多问题都在基层解决了。

第四，在敏感时期强调维稳，地方政府积极化解上访积案，就使得少数上访户借赴省进京上访来谋取好处，迫使地方政府一次性"花钱买稳定"。

第五，上访人持续上访，长期情绪亢奋也会影响其基本判断能力与行为方式，很容易引起精神症状，上访本身的目的反而变得不重要了。持续上访成了上访者的一种生活方式。

虽然信访制度无法解决所有的问题，尤其是无法解决缠访、闹访、谋利访的问题，但信访制度也解决了大量问题。正是中央通过诸如敏感时期信访"一票否决"机制，调动起地方政府解决问题的积极性，将基层社会的主要矛盾解决在基层，从而维系了当前基层社会的治理秩序。

2017 年 9 月 18 日

东莞农民的上访

过去上级会对下级进行信访排名。现在取消了信访排名，但并不意味着信访工作就不重要了。东莞B镇信访办郭主任说："近年来，B镇信访形势比较平稳，已经6年无赴京上访案了。凡是我们自己能解决的问题，一定不会往上推，每一任镇党委书记也都会在到任后的第一时间到信访办调研。"

东莞市共有32个镇街（乡镇、街道），每年评选10个优秀镇街（B镇几乎每年都被评为优秀），评选22个先进镇街。评上优秀和先进就不会受到惩戒。若评为合格甚至不合格，镇党委书记、镇长可能就要受到处分。因此每个镇街都要评上优秀或先进。不过，22个被评为先进的镇街还要进行排名，排在最后的3名，市委要约谈镇党委书记。镇党委书记被约谈，面子不好看还是小事，对升迁等也可能会有影响，因此所有乡镇都不愿被排在先进里的最后3名。所有乡镇，只要自己能解决的问题，一定不会往上推，尤其是要防止赴京上访。如果在重大政治活动期间赴京上访，就很可能造成信访考核排名的直线下降，就可能考核不合格，事情就麻烦了。

不过，虽然绝大多数乡镇都愿解决且有办法解决信访问题，却总有一些信访问题难以解决。调研期间，B镇一个40岁左右的村民没有选上村民组组长，与村干部产生了积怨，到法院状告村干部决策不民主导致了他10多万元经济损失，法院判他输了，他不服，扬言要到北京上访。镇里得知后很紧张，信访办郭主任通过一个熟人约该村民吃饭打探虚实。经过接触，郭主任知道这个村民只是心中有怨气，有意恐吓乡镇干部，实际上不会到北京上访，郭主任这才放下心来。郭主任说这次属于虚惊一场。

不过，并非所有越级上访都是虚惊一场。2014年当地台资企业罢工事件中，一个重庆来的农民工打横幅，被警察架到车内时擦破皮肤，后来鉴定为不构成伤害。他不服，一直在镇政府、市公安局、市人力资源局和市政府上访，要求赔偿120万元损失。自2014年以来，这个重庆农民工数十次上访，主要在镇政府和市里上访，到省里上访过一次，还没有到过北京。每月15日市委领导接访，他几乎都会去。此外，他还到之前打工的工厂闹，工厂想出一点儿钱来买平安，镇政府坚决不同意，因为有了一次花钱买平安就会有第二次。闹访、缠访的人占不到便宜，想通过闹访得好处的人就会断了念想。

缠访、闹访，尤其是在敏感时期到北京上访，对基层压力极大。2016年，全市信访考核排最后一名的乡镇有10多个村民到北京上访，村支书被免掉了，乡镇领导还被市委约谈。

2017年又有一个乡镇30多个村民为土地问题赴京上访，到年底这个乡镇的信访排名肯定垫底。因此，有些地方为了防止村民赴京上访，只好花钱买平安。

当前B镇的信访工作集中在四个方面：一是环境方面的上访，主要包括噪音扰民、垃圾清理等；二是劳资纠纷，主要是企业拖欠外地农民工工资，以及工程做完了，老板跑路了，工资却没有发；三是土地问题，尤其是之前约定土地用途改变引发冲突；四是其他方面的问题，如民间借贷、邻里矛盾、婆媳矛盾等。比较奇怪的是，反映村干部贪腐的上访几乎没有，原因是东莞农村虽然都有比较多的村社集体经济收入，这些收入却都在明处，都要经过村民代表签字才能支出。村民代表对村社事务的实质性参与使村社干部几乎没有权力寻租空间。

最难处理的上访是涉及土地开发。B镇发生过几例投资方买地建厂，工厂关闭后改变土地用途引发村民激烈反对的事情。只要涉及土地，往往都是利益比较大且涉及人数比较多的群体性事件，很难处理。我们调研时，郭主任正为一个开发商开发小产权房出现的麻烦头痛不已。本来，这块土地是用于建企业员工宿舍的，2010年却被资方用于建小产权房，开发了楼盘却未办手续。且这个开发商资金不足，预售小产权房后资金链还是无法维持，又是借高利贷，又是将在建房子抵押贷款。到了交房时间，房子仍然没有建起来，追债的、要房的都来找开发商，开发商无法收场，只好到公安局自首。问题是钱没了，房子又没有建好，买房人整天找政府要房子。涉及几百户的利益，信访办主任当然是没有办法解决的，汇报给镇党委书记也解决不了。多次咨询省市信访办，省市信访办的回答是"我们不能给你意见"。开发商没有办理报建手续，却不仅开始建楼盘，而且将小产权楼盘预售出去了。现在开发商到公安局自首了，麻烦甩给政府，政府不好办。郭主任的预案：一是想方设法让小产权房合法化，这需要补办手续；二是要首先保证第一批次买房人的利益。至于高利贷，本来就不合法。

信访办几乎所有事情都要做，都要摆平，这个工作很不好做。除了依法依规来解决问题以外，很多时间都要调动地方性资源，动之以情、晓之以理，解决问题。

郭主任讲，当前基层信访制度存在的最大问题是上级太过敏感。群众上访就紧张，特别是涉法涉诉上访，那是他们的权利。上访有理的当然要解决，无理的当然无法解决。

不过，在上访有理与无理之间，在调动全部能动性来解决信访问题，不将信访案件向上推和消极应对之间，有着巨大的空间。中国 14 亿多人口，他们有事找政府，地方政府调动所有能动性来解决信访问题，将矛盾化解在基层，这些矛盾就不会汇聚到北京。若地方政府很消极，动不动就将矛盾往上推，全国可能会有无穷矛盾集中到北京，北京自然解决不了，国家治理就乱了套。

因此，上级对下级信访就要考核排名，就要防止下级故意将矛盾向上推，就要调动下级在解决信访矛盾方面的积极性，就要在信访考核方面有一定的紧张度。若是上级政府对下级考核太过紧张，下级为了不出事，只能花钱买平安，满足上访者各种无理诉求，无疑又会鼓励各种无理上访来谋取好处。因此，信访考核要松紧有度，要保持平衡，核心就是如何因时因事把握住分寸。不是要一次性解决所有问题，而是要将问题保持在一定限度之内。

当前信访制度设计的精巧之处在于，国家可以在信访形势紧张与不紧张之间进行调控，调动地方解决问题的积极性。一方面，不能太过紧张，避免将弦绷断；另一方面，也不能太松弛，以至于地方消极无为甚至将矛盾上送。

法治的特点是其稳定性。信访制度是法治的补充，其要害在于，信访考评可以时紧时松地进行调控。在敏感时期考评就比较紧，一般时期考评比较松；在信访形势严峻时考评比较紧，在信访形势比较平稳时考评比较松。

信访制度的灵活性、策略性很重要。信访不是要解决所有的矛盾和问题，也不可能解决所有的矛盾和问题，却可以将矛盾和问题控制在合理范围内。

信访制度是中国法治的重要补充，也是中国政治制度的有机组成部分。

有句话叫作"一放就乱，一收就死"。不过，反过来也可以理解为"一乱就收，一死就放""收了可放，放了可收"。正是在收放之间形成了一定的平衡关系，这样来看当前需要这样一种收放自如的治理能力。正是这种制度的灵活性、策略性，使中国行政体系具有极强的活力。尤其是在中国快速现代化的背景下，这种制度的灵活性、策略性实在太重要了。

同样，大转型时期也是各种利益大调整时期，这一时期必然会产生各种矛盾、各种问题，这些矛盾问题可能前所未有且极其繁多，这个时候，调动从下至上各级地方政府解决问题的积极性就极为重要。正是通过松紧有度的信访考核，使地方政府一方面有积极性将矛盾解决在基层，另一方面又不至于将弦绷得太紧，以致地方政府过度焦虑，造成治理能力的丧失。

东莞是经济发达地区，农村具有密集利益。按说越是利益密集，越是会有对密集利益的争夺及由此造成的各种矛盾，因此会有更多信访问题。但是，从B镇调研情况来看，东莞农村却似乎矛盾不多，信访问题不大。

除前述分析以外，其中还有两个方面的原因：一是当前东莞农村发展已过开发期，几乎所有土地都已进行建设，东莞农村进入了平稳发展期，因此矛盾减少了；二是东莞村社集体经济实力比较强，村民之间的收入差距小，经济社会分化程度低，加之东莞传统的宗族认同与整合也在一定意义上起着作用，从而使个体上访事件不是很容易发生。没有激烈的阶层对立，缺少阶层分化所产生的"怨气"，上访者讲理，就比较容易将矛盾化解在基层。

2017年4月8日

市民热线服务是一门治理艺术

2010年，南京市开创12345市民热线。这个创新是将市民热线的电话形成工单，由市、区到县再到街道、乡镇，最后到行政村社区，一级一级派单，并限期处理工单，然后再向报单人询问对报单处理情况的满意度。满意度分两种情况：一是处理结果是否满意，二是服务态度是否满意。全市每季度甚至每月都会进行市民热线工单满意度排名，排名靠后的单位不仅要扣减相应的考核分，还要被领导约谈。2010—2015年，市民热线考核是由各级政府、纪委直接抓的。2015年纪委退出了，改由政务中心排名。刚开始时，市民热线的工单是由乡镇或街道办公室派单，2014年上级要求所有工单都由乡镇、街道党委书记亲自派单。一开始市民热线并不多，以溧水区F镇为例，每周只有几份工单，现在工单就多了，几乎每天都有10多份工单要由镇党委书记派下去。2017年，F镇杨村4个月内已经接到58份工单，乌飞塘村已经接到了100多份工单。

2017年，南京市进一步强化对市民热线办理情况的考核，列其为全市五大考核之一。从打电话报单开始，市民热线接线员接单形成工单，一级一级派单，最终派到需要处理工单的基层单位（行政村、社区以及各个部、办、委、局的基层单位）。一般会有办结工单的时间要求。办结以后再向上报送办结情况的文字材料与相关图片，一层一层上报。政务中心接到办结材料后，再打电话向报单人询问，并记录报单人对工单处理的结果和态度是否满意。这个工单也就处理完毕了。

如果报单人不满意处理结果，可以再打市民热线报单，然后再进入以上相同程序。如果报单人心怀不满，就可能不断地打电话报单，因为打电话成本很低，而形成工单、派单、处理工单、报送处理工单文字材料和电话询问记录报单人满意度是一个很烦琐的过程，这样就会造成市民热线的瘫痪。因此，如果报单人用同一个电话以同样的事由拨打市民热线，处理工单的基层单位就可以向上级申请将其列为雷同工单，凡是雷同工单就可以不予处理。不过，报单人可能换电话或找其他事由拨打市民热线。F镇有一个人在很短的时间内打了137个市民热线，让基层单位忙得团团转，甚至"把人都要搞疯了"。区残联一个月接到两个工单，一个是精神病患者打的，一个是智力障碍者打的。F镇综治办主任联系的村有20个不满意工单，其实只是两个人报单，村里写材料证明这两个人是无理取闹，但市民热线继续交办。遇到个别难以对付的报单人，有的基层单位干脆就放弃市民热线服务的考核分了。

一般来讲，市民热线接单是很难进行合理与不合理识别的，也很难甄别报单人的动机。接线员一般都是来者不拒，除极少数可以即时回答的咨询类问题以外，其他都要做成工单派单处理。为了防止过多无效市民热线，拨打12345市民热线时一般都要等一段时间，比如自动电话系统会报"您前面还有18个报单人，请稍候"。也的确是稍候，因为同时有很多接线员，18个等候的报单人很快就会有接线员接单，等候时间不过几分钟。最近几年拨打市民热线的人次大增，据说南京市市民热线接线员人数也在不断增加。

总体来讲，南京市2010年开通12345市民热线以来，市民热线在基层治理中的地位极大地提升了。我们在溧水区调研期间发现，市民热线几乎成了基层的一个中心工作。在某种意义上，市民热线重塑了基层治理以及地方政府、基层组织与群众的关系。

市民热线大致可以分为四种类型：一是咨询类，二是求助类，三是执法类，四是建议类。其中最多的是执法类，主要集中在交通管理、违法建筑、噪音扰民、占道经营、劳动保护、物业服务。从南京全市来看，执法类事项占到全部来电的一半以上。据2015年12月26日《扬子晚报》报道：2015年，南京市12345热线共接听市民来电107万个，接通率为91%，当场解答率为33.34%，下派工单71万余个，工单办结率为98.8%，综合满意率为92.26%。

咨询类的问题能否当场解答，主要靠市民热线接线员对业务的熟悉程度。一般来讲，接线员十分了解市民一般性事务，因此，咨询类电话大多数可以当场解答。执法类、投诉类、举报类电话则可能很难解决，尤其是不可能由接线员现场解答，必须形成工单下派到基层单位办理，其中一部分就到了我们调研的村庄。

通常一个乡镇有10多个行政村，一个区、县有10多个街道乡镇，南京市有若干个区、县。南京市有各个局，每个局下面又有分局或派出机构，所有工单要下派到最基层的"条条"和"块块"去办理，这样就可以由相关部门与机构来对基层单位进行考核，既可以考核综合满意率，又可以考核同一个条块基层单位的满意率，还可以考核满意率的升与降。由乡镇党委书记派单、考核下辖村庄和各基层单位，不仅有助于党委书记了解当前市民需求，而且可以十分清晰地了解乡镇范围内各个基层单位的治理能力与服务态度。

由乡镇党委书记派单，并且每年每季度甚至每个月都会形成不满意工单的排序，如果某个村不满意工单长期排在最高，乡镇党委书记或相关领导就要约谈村支书。村支书当然会找出各种客观理由进行辩解，说明其中有人拨打市民热线是出于恶意，是"刁民"所为。乡镇党委书记则可能反问，为什么"刁民"总是找到你？从而激励村一级想方设法化解矛盾，解决问题。

从我们调研的镇、村两级的反应来看，镇、村两级对市民热线是极为在乎的，市民热线甚至重塑了乡村治理的基本机制。市民热线对镇、村两级尤其是村级的约束力很强：满意率低，不仅相关考评会扣分，而且可能被上级约谈诫勉。因此，将市民热线满意率计入对村干部工作考评后，如果村民对村干部不满时，就可能恶意地拨打市民热线来表达自己的不满与愤怒，村干部也就必须真正尽心尽责地满足村民的诉求，解决他们的问题，而且村干部在做工作时还必须注意方式方法，不能使用过激语言，不能得罪人。

一旦可以通过12345市民热线来解决自己的问题，来约束村干部，甚至让村干部转变工作态度，就会有更多村民试图借市民热线来达到自己的目的，解决自己的问题。市民热线越能实质性地解决问题，这条通道就会越繁忙，最终地方政府所有治理资源都被卷入进去，甚至导致基层治理瘫痪。因此，地方政府必须降低这条通道的效率。一旦效能下降，市民热线不起作用，自然就很少有人拨打市民热线，自然就不会有人借市民热线来要挟村干部和恶意投诉了。

地方政府降低12345市民热线效能的办法包括：增加打电话的排队时间，降低对不满意率的考核要求，降低市民热线的不定期宣传力度等。

12345市民热线只是在南京市域范围内循环。究竟是让市民热线更加畅通、保持市民有更强的反映诉求的效能，还是让市民热线有一定的等候时间，降低对满意率的考评强度，需要市长依据具体情况确定。当市民热线过热，基层根本无力应对时，市长就可以降低市民热线的效能，从而剔除一部分潜在的投诉电话。但是，如果市民热线太冷，基层干部根本感受不到市民投诉的压力，不能及时解决问题时，市长就可以提高市民热线的效能，从而增加市民投诉的热情。对于市民热线在解决投诉问题上的作用，应当张弛有度、收放自如。有所作为且处在松弛有度的循环中，是12345市民热线平台的治理逻辑。张弛的尺度掌握在市长手中，过了或不及都是不好的。

从村、镇两级来看，一般市民热线工单都比较少，原因是村庄事务相对单纯，发生矛盾和提出诉求的机会都远低于城市。从这个意义上，当前农村12345市民热线应当更畅通，对市民热线满意率的考核应当更加严格。而从城区来看，尤其城管、交通部门市民热线投诉最多，使得城管与交通部门根本应对不过来，因此，很多应对就只可能是走过场，也就留给拨打市民热线电话的投诉人"无效"的感觉。因此，同样在南京，农村12345市民热线显得相当有效，而城市12345市民热线的效能却不尽如人意。

在农村，若村民不是拨打市民热线，而是直接向村干部反映，村干部就可以直接解决问题。一旦拨打市民热线，就需要一级一级派单，解决问题后再形成文字材料一级一级上报，由此造成巨大的浪费。但若没有市民热线的压力，村民向村干部反映情况，村干部可能会采取无视的态度，消极作为。在市民热线的压力下，村干部则可能提前摸底解决发生的各种问题。因此，保持相对严格的市民热线满意率考核，可以化解大量可能上升到上访层次的矛盾，即通过市民热线将大量矛盾化解在区域范围内。由乡镇党委书记每天分派工单，可以极大地增加乡镇党委书记对镇域范围基本治理情况的掌握，从而提高乡村治理的水平。

南京市每年有上百万拨打 12345 市民热线的数据，可以最为清晰地将城市治理中的热点难点问题、群众关心的问题呈现出来，从而有助于进行城市治理的科学决策。

显然，12345 市民热线平台是一种很好的治理手段，便捷有效，可以化解很多矛盾，可以增强和调动基层治理单位的工作责任心和积极性，可以形成市政府、基层治理单位与市民之间的某种相对均衡的互动。但是，也不能过分夸大 12345 市民热线平台的作用，如果所有事务都集中到市民热线平台上，基层治理效率未必会提高。一个具有丰富经验的领导会在市民热线服务中掌握好治理的平衡。在这个意义上，12345 市民热线服务是一门治理的艺术。

2017 年 5 月 31 日

政治形势、信访治理与矛盾控制

在南京市郊区 F 镇，我们访谈了综治办的赵主任和虞主任，重点讨论了信访问题，有若干值得进一步讨论之处。先记录若干值得讨论的话题，再列举两个上访的案例，最后做若干讨论。记录如下：

（1）信访稳定工作不能就稳定谈稳定。

（2）地方信访最大的压力是访民带来的。访民搞清楚了套路，地方政府越害怕，访民就越是要利用。

（3）我觉得，访民到北京上访，如果是合理诉求，而基层没有解决的，该问责就要问责；不合理诉求，该打击的也要打击。现在上级往往对上访诉求不进行合理与不合理的区分，都要基层解决。合理诉求可以解决，不合理诉求基层如何解决？访民不断地向上面反映情况，必须稳控，但稳控很难。

（4）自 2017 年 2 月 1 日开始，访民稳控责任在户籍地。信访办有两个责任：一是化解责任，一是稳控责任。事发地政府有化解责任，户籍所在地有稳控责任。

（5）领导看的是结果，他们不可能对所有事情一一进行具体分析，没有时间听你为主观原因找各种借口。

（6）12345 市民热线，打得多就被重视，越是被重视就越打得多。

（7）12345市民热线确实能解决部分问题，能回应部分社会需求，避免社会矛盾的激化。

（8）矛盾激化了再去稳控是不好办的。主要是提前排查，一个月一次大排查，一周一次"回头看"。

（9）为维稳而维稳，是维不稳的。重点不是稳控而是化解。过去维稳相对滞后，现在要提前介入进去。

（10）信访工作是"易碎品"，谁都不敢吹牛。

（11）有很多事情，明明基层就可以解决，访民却要越级上访。领导越是抓得紧，访民就越是利用这个形势来施压。

（12）服务型党组织、12345市民热线、信访制度，在不断地满足群众诉求的同时，又不断地刺激群众产生新的诉求，结果做得越多群众越不满意。

（13）信访毕竟还有信访条例来规范，要按程序来走。12345市民热线就随意得多。

（14）上级越是重视上访，老上访户就越是利用这个机会捞取好处。

（15）上访形势严峻不严峻，关键是政治形势紧张不紧张。一般时期访民想去上访就去上访，上访不是大事。特殊时期，比如全国"两会"期间、2014年南京"青奥会"、2016年G20杭州峰会，就有访民借这些机会上访。

案例一：F镇一个老访民，近十多年一直上访，要求越来越高，越来越离谱，根本不可能满足他的诉求。2013年他与邻居打架，打伤邻居被判刑一年，2014年南京"青奥会"开幕前几天才放出来。"青奥会"期间，镇里担心他上访，安排50多人在他房前屋后盯着。赵主任说："我们不能限制他的自由，也不能进他家门，只能白天黑夜在他家四周盯着，防止他到南京去上访。'青奥会'结束了，他爱到哪里去上访都无所谓了。"

案例二：2016年G20杭州峰会召开期间，F镇一个稳控对象在维稳办的盯防中偷偷离开住处。他离开住处后不久，盯防人员发现他已经离家，判断他要去杭州，计算所有进杭州路线，初步判断他最有可能从上海或苏州坐高铁到杭州，立即兵分多路前去围堵——由于一直无法进行手机定位，也无稳控对象购买高铁车票的信息。提前赶到杭州守候的人员在杭州高铁站守候到了稳控对象，然后将他劝回。后来得知，稳控对象是先坐汽车到苏州，从苏州坐汽车到嘉兴，再坐高铁到杭州的，并且他是借用他人身份证买的高铁票。

以上记录可以引发很多讨论：

第一，上访是所有人的权利。中央要求对待上访要做到"三到位一处理"，即"诉求合理的解决到位，诉求无理的思想教育到位，生活困难的要帮扶救助到位，行为违法的依法处理"。中国政府是人民政府，人民政府当然应当允许人民来反映情况，提出诉求，申冤叫屈。只要不违法，人民群众就有到各级政府反映情况提出诉求的权利。即使他们提出的诉求不尽合理，政府也应当进行解释。何况几乎没有完全无理的诉求，所有上访总是有一定理由的。

第二，上访也必须要有秩序，尤其是这样一个大国，如果所有访民都集中到中央，就可能造成秩序的混乱。更何况中央不可能亲自处理所有的进京上访问题，甚至很难判断上访诉求是否合理。中央最终也是将接到的上访诉求转交给地方政府,最终由属地基层政府来办理。为了减少上访诉求层层转办的周折与烦扰,国家提倡逐级上访,不要越级上访。只有在基层解决不了的上访问题,才逐级上交到中央。或在到达中央之前,绝大多数上访问题在各级地方政府就解决了。正是绝大多数上访在地方解决了,中央才有能力接办和转办一级一级到达中央的上访。

第三,在重大节庆或政治活动期间,上访很容易造成群体性事件,造成社会不稳定。因此,在重大节日和政治活动期间,如全国"两会"期间、"青奥会"期间、G20峰会期间以及国庆期间等,为了防止发生群体性事件,北京以及举办重大政治活动的城市对上访事件十分敏感,尤其会对有赴京上访者的地方政府进行考核。因此,地方政府在这些时期就要特别防止发生赴京上访事件。

第四,地方政府没有对访民无故进行拘禁的权力。为了防止在敏感时期的赴京上访,地方政府要对当地可能上访的访民进行摸底、排查,聚焦稳控对象,对稳控对象的行踪要进行掌握,包括安排专人在敏感时期进行盯防。盯防当然不能随意限制稳控对象的自由。既要稳控,又不能限制稳控对象的自由,于是就衍生出各种维稳手段,比如请稳控对象去旅游、喝茶等。这些维稳手段处在法律边缘地带,掌握不好就会造成更大的积怨与冲突。

第五,敏感时期的进京上访会导致地方政府被"一票否决",因此,保证敏感时期不发生进京上访成为地方政府必须完成的任务。那些搞清楚了套路的访民就会趁此机会上访,要挟地方政府满足他们的上访诉求。在巨大压力下,只要是地方政府有能力解决的合理诉求,一定会想方设法解决。对于难以解决的不合理诉求,地方政府也会尽可能拖延,以防敏感时期激化矛盾。敏感期过去了,上访者到北京上访也都不是什么大事了。

第六，在非敏感时期，访民到北京上访虽然不是大事，却也不是好事。尽管国家信访局不再对赴京上访人数进行地方排名，地方政府还是能感受到赴京上访所带来的政治压力。赴京上访者都是由具有属地责任的地方政府赴京接回。因此，地方政府倾向解决一切可以解决的上访诉求，而不愿激化本来可以消除的各种潜在冲突。

第七，在敏感时期中央对地方赴京上访实行"一票否决"，在非敏感时期地方上访实行属地责任管理，这样可以调动地方政府化解矛盾的积极性，防止地方政府动辄向中央上交矛盾。尤其是敏感时期的赴京上访会被"一票否决"，因此，地方政府在工作中不仅尽可能防止引发矛盾，而且倾向对已有矛盾进行摸底排查，尽可能解决矛盾，消除隐患。

第八，地方政府与每一个掌握了套路的上访者进行斗智斗勇的博弈。地方政府要解决问题，却担心上访者提出更多诉求。上访者尽可能达到利益最大化，却很难判断清楚最大利益的边界在哪里。地方政府满足了上访者的不合理诉求，不仅可能激发出上访者更多不合理诉求，而且会激发其他上访者也通过赴京上访来谋取更大好处。

第九，地方政府与掌握套路的上访者之间的博弈，一般都会有若干失败的案例。即上访者提出了超过地方政府可以接受的上访诉求，地方政府不能或不敢满足这些不合理诉求，上访者因此采用更加激进手段（包括敏感时期的赴京上访）来要挟地方政府，地方政府就只能在敏感时期对上访者进行稳控，在非敏感时期任其上访。这样的博弈长期化，上访者就会变得越来越激进偏执，所提诉求越来越无法满足，解决矛盾的可能性也就越来越小。甚至上访者的亲朋好友也无法理解上访者，上访者彻底被边缘化。上访成为不归路。

第十，正是这样的极端上访案例，一方面给地方政府带来极大困扰和烦恼，另一方面也给上访人带来致命后果。这样的极端案例既教育了地方政府，又教育了所有希望通过要挟地方政府来满足不合理诉求的上访者，从而为地方政府与其他上访者之间解决问题、化解矛盾提供了教训和警示，也防止了更多极端上访案例的出现。

敏感时期严控赴京上访和非敏感时期对赴京上访相对宽松，这种一紧一松的稳控策略，给了地方政府与上访者之间博弈的空间。全国各地都存在若干博弈失败的极端上访案件，正是这些极端案例的公开，教育了地方政府和其他上访者，防止了更多极端事件的再次出现。因此，我们调研时，也就只是听到这几个极端案例，而不是更多。

任何时候任何地方都会有矛盾，矛盾是不可能被全部消灭的。只要信访制度存在，就会有上访，就会有因为上访引发的冲突，就会有中央、地方和访民（或社会）三者之间的复杂博弈。信访制度不是要消灭上访，而是要将上访控制在一定限度之内。

2017 年 5 月 31 日

"城管革命"进农村

2015年，武汉市提出"城管革命"进农村，开始推动农村环境整治工作。当时中国农村中的脏乱差是很严重且普遍的，垃圾乱扔，污水横流，户外村内的公共环境不仅有碍观瞻，而且极不卫生，容易引发疾病。武汉市开展村庄环境整治正当其时。

从我们在武汉市郊区的调查来看，村庄环境整治大致包括三个方面：扫干净，码整齐，路畅通。2017年，武汉市又开始推动"厕所革命"，改旱厕为冲水厕所。

我们以H镇H村为例介绍"扫干净"。

H村共有2400人，13个自然村，约2075亩耕地。过去农户随便丢弃垃圾，或在自然村边上挖土坑掩埋。

H村用3年时间比较好地做到了"扫干净"。具体办法是，H村在每一个自然村设了一两个垃圾桶（全村共20个垃圾桶），由村民将户内垃圾收集起来倒入垃圾桶。同时为每个自然村设1个保洁员，保洁员为本自然村60岁左右人员竞争上岗，每月300元工资，一年3600元，主要工作是将本自然村户外垃圾清扫倒入垃圾桶，每天工作时间约一个小时。保洁员工作比较轻松，又在本自然村工作，还有收入，就有很多老年人愿意当保洁员。竞争上岗使得保洁员具有较强的责任心。

H村与邻近3个村共同聘用了1个专门清运垃圾的司机，按村庄垃圾桶数量收费,每个垃圾桶每月收120元。H村20个垃圾桶,每年清运垃圾的费用2.88万元。清运垃圾的司机保证垃圾桶的垃圾装满即运走,一般每周要清运两次。

对村庄环境中的一些卫生死角,村集体会组织杂工或用挖掘机来进行专项整治。2017年,H村花费1.8万元进行了环境专项治理。

2015年,村庄开始环境整治,市、区、街道干部十分重视,常抓不懈,经常来村检查,党总支更是经常组织本片各村干部进行相互检查。此外,市、区、街道还安排第三方暗访督查。这个时期,村干部全部动员起来,将村庄环境整治当作中心工作,建立长效机制,逐步扭转了村民不好的卫生习惯,极大地改变了之前村庄环境脏乱差的状况。

作为自上而下的中心工作,村庄环境整治也得到了上级拨款。2017年,H村获得8.3万元专项拨款,支出则为9.36万元。也就是说,村集体只要另外补贴1万多元,就可以达到村庄环境整治中"扫干净"的目标。

3年下来,H村的卫生面貌发生了极大变化,村民乱扔垃圾的习惯也改过来了。仅仅花费不到10万元,就让一个有2400人的村庄可以保持干净卫生,这是很不容易的事情。其中武汉市自上而下的督办,党总支和村干部的抓长效,以及"户分类、组保洁、村收集、街转运、市及区处理"的垃圾收运处理体系的有效运转,在短期内就有效地改变了农村环境卫生条件。

H村村庄环境整治只是武汉市郊区的一个普通案例。从H村的情况来看,3年村庄环境整治取得了很大的成果。取得这样的成果,得益于六个方面的综合因素:第一,地方政府发起村庄环境整治运动;第二,地方政府为村庄提供专项经费支持;第三,建立了一套健全的垃圾清扫转运体系;第四,村干部有所作为;第五,上级有力的督办检查;第六,第三方评估。3年下来，村民养成了不乱扔垃圾的好习惯，村庄垃圾进行了无害化处理，村庄环境变得更加宜居。一直为外界诟病且严重影响农村面貌和农民身体健康的村庄环境，很轻松地就完成整治了。

村庄环境整治或武汉市所提出的"城管革命"进农村，是一项自上而下的环境治理。现在武汉市又推行了"厕所革命"进农村。这样的"运动式"治理并不是每一次都能取得较好的成效。不过，新中国成立以来，自上而下发起一轮又一轮的运动，一次又一次地改变了中国农村的面貌，从而使中国传统农村从文化、思想道德、组织、物质条件、社会制度以及生活习惯等方面向着现代化迈进。从每一次具体的运动治理来看，既有成功的（如上述村庄环境整治），也有失败的（如大办集体食堂）。不过，只用了短短几十年时间，就将积贫积弱的中国建设成了现代繁荣强大的国家，离不开自上而下对农村社会全方位的"运动式"改造。中国是世界上为数极少的有能力推动农村社会有效治理的发展中国家，这是中国崛起的基本条件。

H村吴书记说："农村工作说不好做也不好做，说好做也好做，就看你用什么方法。搞村庄环境整治，很重要的一项是拆猪圈牛栏旱厕，以及不住人又影响交通的空房子。农户空房子不住人，时间长了就会倒塌，也没有什么用处，拆掉也无所谓。问题是村干部去拆农民房子，又不给补偿，就有村民不愿意。"有一个自然村没有修路，出行很不方便，2016年吴书记从上级申请到资金补助修路，拆了自然村的老仓库，拆了一些挡路的猪圈，有村民说好，也有村民反对，说修这么好的路干啥。

环境整治中，有个自然村的村民家的牛栏废弃了，堆了很多柴火，影响村庄环境整治，村里要拆掉牛栏，村民母亲坚决不同意。吴书记前一天对村民说："明天晚上我来你家喝酒，你准备一下哈。"第二天晚上，吴书记提上两斤肉、两瓶酒，叫上村民组组长与这个村民关系好的朋友一起去村民家喝酒。喝酒时，吴书记提到村庄环境整治，上级政策要求，以及村民生活环境美化需要，再提拆牛栏的事，村民二话不说就答应下来。第二天拆牛栏十分顺利。

农民本质上都是很淳朴的。对农民来说，村支书来你家里吃饭，是有面子的事情。一旦吃饭喝酒了，就变成自己人了。自己人的事情都好说，村民甚至会站在村干部的角度想办法解决工作中遇到的困难，拆个牛栏也就顺理成章了。

"喝酒工作法"是以情感人，将只有一般关系的村民纳为自己人。

10年前，我们到贵州湄潭调研时发现，村支书几乎参加全村所有农户的人情往来。问及原因，村支书说只要参加了人情往来，村民觉得书记给了他们面子，是自己人，就会在书记做工作时给予支持配合，即使有些事情会损害农户利益，农户也愿意承担这个损失。一旦村干部将村民视为自己人，村民就有了配合村干部工作的义务与责任，村民的义务与责任就被调动起来了。

当前村级工作中越来越强调规范性，强调正规性。H镇也开始要求村干部坐班，村支书报酬也提高到相当于乡镇副职待遇，年收入接近4万元。村级治理正规化就会排斥那些不太正规的形式，村支书到村民家中喝酒可能会被定性为不正之风。而实际上，农村工作往往都是不规范的，往往是情理法理交织在一起的，是很难仅靠规范化制度有效解决的。

H村吴书记还讲到两件事情，他很纠结，表示不知道应该怎么办。

2016年冬天，大雾天气，有一个年轻村民即将结婚，一大早开车送礼，车速比较快，冲进一截不能通行的公路，撞到路障，车毁人亡。这个年轻人的家属一直打横幅上访告状，要求最少赔偿80万元。

2017年冬天的一个早晨，一个73岁老人骑电动车撞到攀线上，头着地受伤，一周以后死亡。老人家属找到镇政府，要求镇政府赔偿，理由是镇政府修路时没有及时清理电线杆的攀线，督办不力，造成车祸。交警划责任，死者四成责任，电力公司六成责任。老人家属在镇政府闹了多日，要求赔偿25万元，最后达成协议由电力公司赔偿19万元。这件事情在村民中引发议论：一种人认为应该要钱，反正是国家的钱，不要白不要；还有一种人认为不应该赔钱，因为是老人自己骑电动车太快造成事故的。

吴书记认为，这两起事故的主要责任都在村民。两家家属都不服交警划定的责任，聚众上访闹事，甚至通过冲击政府索要高额赔偿，这种做法是不妥的，是不好的，是不应当发生的。虽然村支书这样认为，却不敢对上访闹事的两家说他们的要求不合理。如果他说了，村民就会认为村支书所站立场不对，不为村民说话，不维护村民利益。在村民利益与国家利益发生冲突时，村支书不能说真话；村民与村民之间产生冲突时，村支书也很难公开、公正说真话。说真话得罪人，不说真话，所有事情都难以解决，乡村社会治理成本变得很高，乡村社会也会因此失去公道。

村干部不仅是村民的当家人，还是国家在村庄的代理人，在国家与农民关系中，他们究竟是做农民的"尾巴"还是教育引领农民，这是十分重大的问题。

2018年4月24日

基层治理中的"游击战"

在湖北孝昌县访谈当了16年村主任的孙兵。他说,自己当了16年村主任从来没有与任何人发生过冲突。有村民因事气冲冲地来论理,他的办法是先让对方坐下来,说:"来来来,不着急,慢慢说嘛!"只要坐下来,对方气就消了,再讲道理就好讲了。如果遇到不讲理的村民冲过来吵架,他的办法是转身就走,不要直接吵架,隔一段时间事情自然就明白了。在工作中回避有情绪村民的锋芒,这是一种基本工作技巧和方式,也是农村工作中的"游击战"。

孝昌农村宗族意识比较强,尤其是"五服"内的认同感很强。孙主任"五服"的宗族势力比较大,尤其是侄子比较多,算是本村宗族势力比较强的。不过,在农村工作中,如果遇到儿子多又不讲理的村民,狠起来孙主任就要吃亏。因此,孙主任既不只是实力型村干部(宗族势力大的村干部),也不能只当蛮干的勇将,而是要做能人型村干部。在实际工作中运用技巧,通过"游击战"来完成各种任务。

在孝昌县另外一个村调研,现任村支部讲一个例子。前任村支书到农户家收粮,与农户发生冲突后,骑虎难下,于是当着众人的面打了农户几个耳光。当天晚上,村支书一个人到农户家向他赔礼道歉。现任村支书还讲了一个例子,就是县康复医院要占他们村的地。征地过程中涉及一个农户几个平方米的苗木补偿谈不下来,这个农户非得要高价,几个平方米的土地非得要好几万元补偿。如果按这个标准补偿了，其他征地农户都会要求补偿，征地工作就做不下去了。村支书多次做工作做不下来，请这个村民吃饭喝酒打牌也不行。有一次趁这个村民不在现场，村支书让一个副职村干部用推土机将苗木推倒。村支书说，碰到这种软硬不吃的人，只有一个办法——就是采取强制措施，再来扯皮、"扶歪"。苗木被推了，村民来找村支书吵架，村支书回避，让村主任找他。面对既成事实，村民也没有办法，就只能接受当地一般的补偿。很多农村工作都只能采用这样一种不是办法的办法。所谓"扶歪"，就是让那些不满的人先吵先闹，然后再去讲道理，先做成既成事实，即使对方有情绪、不满，他们闹一段时间也就自然不闹了。

基层工作经常会遇到棘手的问题，工作开展不下去时就需要发挥各种智慧。最典型的就是拆迁中遇到钉子户，他们坚决不同意拆迁，而要求远超正常标准的补偿，地方政府部门当然不可能给出这种补偿，即使有钱也不能给，不然已经拆迁的其他农户也会要求补偿。又不能强拆，唯一的办法就是趁钉子户不注意，挖掘机"路过"钉子户家时"不巧"碰倒房子，造成"意外"，房子里还有一些炊具、家具未搬走，造成损失，政府因此多给钉子户一些补偿。这个补偿是"意外"造成损失的补偿，而非拆迁所给补偿，其他拆迁户也就没有理由要求补偿了。钉子户也拿到了超出损失不少的"意外"补偿，在房子已拆除的事实下，再闹下去也没有借口了，他也就不再闹了。

近10年来，我在农村调研，几乎每一个乡镇都会听到若干例偏执型"精神病"上访者，持续上访，每周都来。这些人的上访诉求是没有办法满足的，因为他们的诉求完全不合理。他们每次来，乡镇干部不可能不让他们进门。乡镇干部应对办法就是安排一个有耐心、认真细致的信访工作人员接访。端茶倒水，客客气气，十分亲切（有的上访妇女与乡镇接访工作人员都以姐妹相称），所有诉求都认真记录。这样的接访就变成了一个日常的接待。偏执的上访者，无疑会毁掉自己的前程，变成一个众人眼中的精神不正常者。

一个基层干警讲述了一个故事。某天凌晨3点，一个喝醉酒的男子拨打110，要求警察将他送回家，原因是他喝醉了手上又没有钱。警察不愿去送，因为非警务不应拨打110。然后这个男子又拨打12345市长热线，民警仍然没送醉酒男子。凌晨3点在值班的也就只有派出所了，于是市长热线就将诉求转到离这个男子最近的派出所。于是，这个男子在市长热线的指引下走了1公里来到派出所，让派出所出警送他回家，而他家就在反向2公里的地方。这个男子还说，他已经被派出所民警送过很多次了，民警不送他，第二天他就去找市长上访。派出所领导出于不被投诉考虑，还是让民警送他回家了。

基层工作中的"游击战"，是先化解对峙，然后再来讨论如何补偿，变被动为主动，这样就可以解决当前基层工作中很多似乎无解的难题。

2018年10月4日

运动治理为什么有效

运动治理是不同于常规治理的一种重要治理形式,也是常规治理的重要补充。中国治理的一个重要特点是经常有运动治理。正是运动治理,使得基层社会可以解决常规治理中难以解决的问题,从而可以保持社会治理的有效性,解决基层治理中的若干难题,维系基层社会的有序。

最近几年,浙江在全省范围进行"三改一拆"运动,拆违力度之大,至少在浙江历史上是空前的,在全国也是相当罕见的。在有些村,户均拆违面积甚至超过100平方米,几乎每一户都有违建。所谓违建,也并非完全是违反了规定,而是过去并无规定,甚至在一个时期,地方政府为发展个体工商业,鼓励农户在房前屋后搭建。从现在来看,农户在宅基地住宅前后搭建是违反规章的。过去用于存放农具以及畜禽养殖的附属房,实际上几乎每家都有这样所谓的"违建",现在全省布置拆除,按理说难度很大,很快就会遇到群众强烈抗议而搞不下去。然而"三改一拆"在浙江几乎全省范围有效执行了,而且没有因为"三改一拆"发生恶性群众事件,甚至上访都不多。短短几年时间,浙江省在拆除遍布城乡的违章建筑上打了一个大胜仗。

H省农村低保一直存在严重问题。2016年,H省对全省低保进行大清查,实际上低保乱象并没有得到遏制。2017年5月豫县(化名)扶贫动真格，借此机会，对假低保户和假残疾证进行了彻底清理，全县低保人数由5万降到2.8万，清理出2.2万不符合低保条件者。豫县存在大量办有一、二级残疾证的健康人，借此次精准扶贫"再回头看"机会，豫县对持有一、二级残疾证的人进行了人证合验，竟有一半以上假残疾者被清理出来。

大约10年前，武汉市周边农村的农民通过抢建住房来多要拆迁补偿，市政府很头痛。结果，有一农户请人抢建发生垮塌事件，建筑工人被砸死，武汉市立即借此机会进行建筑整顿，所有抢建住房都以存在严重安全隐患为由予以拆除。

浙江省拆违，河南省清理低保，武汉市拆除抢建房，均涉及面广、利益牵扯大，是常规治理中很难解决的问题。

常规治理与运动治理，基层治理实践的逻辑在哪里？在常规治理中，除依法治理的一面以外，还有大量处在实践第一线的很难明确依法依规治理的灰色地带，这样一些地带的治理事项往往细小琐碎、牵涉面广、模糊暧昧，执法者与治理对象有大量的讨价还价和博弈空间。为了获得利益，基层治理对象充分利用各种手段与基层执法者进行"游击战"，结果就造成了常规治理中虽然不合理却大量存在的问题。

将事情闹大的问题。常规治理中，在一些利益比较大的空间，当事人的常见策略之一就是将事情闹大，让基层执法者下不了管理决心。一般来讲，基层执法者只有有限的权力，大多数情况下都不愿意将事情闹大，而情愿息事宁人。

当事人往往采用聚众和搏命的方式达到目的。聚众就是聚集大批有同样利益或利益连带关系者来对抗基层执法者。搏命就是摆出拼命地姿态，让基层执法者不敢轻易执法。

对基层执法者来讲，他们只有有限的权力，并不希望在执法过程中产生自己无法控制的意外。产生了这样的意外，不仅需要耗费他们大量的时间与精力，而且可能被上级批评，因此，基层执法者的首选就是息事宁人。基层执法者越是怕出事，就会有越多利益相关者以将事情闹大作威胁来谋利，基层有序治理就越发难以维系。

装傻示弱的问题。在一些利益边缘地带，与闹大相反的当事人的策略是装傻示弱。基层执法者讲道理，他们表示听不懂，基层执法者强硬执法，他们示弱，显示出完全的无辜或可怜。无论基层执法者用什么办法来讲道理或讲狠话，当事人都通过装傻或示弱来应对。装傻或示弱，让执法者高高举起的"铁锤"砸到"棉花"上，有力使不上。在街头强硬执法又可能引起"吃瓜群众"的围观与评价，甚至引出街头群众的义愤之举，从而造成基层执法者的极大被动。

讨价还价、得寸进尺的问题。利用一切机会与基层执法者讨价还价，只要有机会就得寸进尺。基层执法者严厉时就收缩利益边界，稍有宽松即扩展利益边界。

抬杠、边缘策略的问题。利益当事人在与基层执法者打交道的过程中，通过用边缘策略来获利。指东说西，抬杠，不讲道理，胡搅蛮缠，耍无赖，将弱势妇女老年人或儿童甚至孕妇推到前台等，都让基层执法者认真执法时可能落入无比麻烦的陷阱。

上访借力的问题。凡是遇到利益受损，无论是否合理，都通过上访来获取救济，甚至形成群体上访。这些利益当事人越级上访，或是到政府机构上访，通过媒体舆论施压。这些压力传导到基层执法者，基层执法者很难再坚持下去。

总之，在常规治理中，基层执法者与利益当事人之间的博弈复杂多样，利益当事人用各种"武器"与基层执法者开展"游击战"，这个过程中产生了对基层治理秩序的破坏。在社会灰色地带产生的大量分配利益，是以对现存秩序的损害为代价的。在这样的常规治理中，利益当事人以损害基层治理秩序为代价获取利益，而基层执法者几乎束手无策，有力使不上，按下葫芦浮起瓢。

一直以来，乡村治理中都有一些不解之谜。比如取消农业税之前的收粮派款和计划生育，以及当前一些地方的征地拆迁工作。如此之难的工作却只靠数量很少的乡镇干部和只拿误工补贴的村干部完成，人数不多且可能素质不高的乡村干部是如何完成"天下第一难"的工作呢？

一般来讲，农村工作中总有几项中心工作，每一个时期有一项中心工作。一般时候，农村工作很少，乡镇干部待在乡镇做日常工作，村干部无工作可做就经营自己的产业、从事自家的农业副业，因为他们是只拿误工补贴的不脱产干部。一旦有了中心工作，乡村就会组织起来分工合作，集中力量完成。对于乡镇一级来讲，一旦有了中心工作，所有工作人员都会集中起来，分派到各个行政村与村干部组成中心工作组，集中力量完成。这个时候是以完成任务为导向，全部乡村干部调动起来，集中力量在一个时期完成中心工作。待中心工作完成了，乡村干部就再次回到工作常态，一直到另一项中心工作的到来。

取消农业税前，乡村每年的中心工作主要有四个方面：春季布置农业生产，夏季计划生育，秋季收取税费，冬修农田水利，每一件中心工作为时也就一个月左右。尽管农村工作难度很大，真正集中攻坚的时间并不长。

取消农业税之后，乡村干部几乎退出了绝大多数农村工作。多年来，乡村中心工作不再是一年多少次，而往往是多年一次。现在可以列出来的全国性农村中心工作，如2004年前后的完善第二轮土地延包政策，2015年前后的土地确权、农业统计、环境整治（含秸秆禁烧）和精准扶贫。乡村干部被动员起来完成这些中心工作，能力是绰绰有余的。

近几年来，中国城市化进一步提速，征地拆迁工作成为一些地区发展推进的重要工作。我们调研的浙江省宁海县的一个乡镇，一年竟有140多项重点工程在镇域范围落地，乡镇与各村组成多个分工清晰、责任明确的工作组，各司其职，竟然也有能力顺利完成任务。

这样一种通过中心工作来组织和调动基层治理能力的机制，是当前中国看似散漫的基层组织却有效解决各种"天下第一难"工作的重要原因。

运动治理有两个十分重要的特点：一是"自上而下"，是上级布置下来的，并要求限期完成的；二是"一刀切"，即对于上级布置的任务要无条件完成，没有条件创造条件也要完成，否则就会被上级"一票否决"。

自上而下布置的运动治理，就使得一个时期内，基层执法者与利益当事人之间发生冲突时，利益当事人无法借上访来要挟基层执法者。在运动进行中，利益当事人上访，布置运动的上级政府根本就不会受理，上访就失去了效力。

"一刀切"是自上而下布置下来限期完成的中心工作，是"一票否决"的，是要不讲条件完成的，基层部门就会将基层执法者组织起来，集中力量攻坚，集中力量进行清理整顿。因为有了上级限期完成任务的压力，以及自上而下布置任务的"尚方宝剑"，基层执法者很可能"宁左勿右"，矫枉过正。

"一刀切"使得基层执法过程中可以集中力量一个一个地清理利益当事人，重拳出击使得常规治理中利益当事人的"游击战"无法发挥作用，自上而下布置的中心工作又让利益当事人难以凭上访等形式借力，最终，运动治理解决了常规治理所无法解决的各种灰色地带的治理难题。虽然运动治理中存在矫枉过正的问题，但是清理整顿了常规治理中无法治理的诸多难题，为下一轮的常规治理提供了新的起点。

运动治理显然不可能解决所有问题，因为运动治理是非常规治理，是一种高压状态的治理，是集中所有力量解决常规治理中无法解决的重点、难点问题。运动治理只在有限的时间内运行，一旦过了运动治理期，一切恢复常态。不过，经过运动治理之后，常规治理已与过去有了不同的基础与起点，因此也就有了不同的内涵。

常规治理与运动治理的交替，螺旋式提高了中国基层治理的水平，并保持了相对高水平的基层治理秩序。

2017 年 8 月 23 日

基层精准治理不可能定律

要求基层精准治理，很大程度上是因为由之前国家从农村汲取资源转变为国家将大量财政资源输入农村，基层治理最重要的任务之一就是利用国家资源来为基层群众服务。国家财政资源一分钱也不应当浪费。基层治理不精准，大水漫灌，跑冒滴漏，就是对人民的犯罪。

无疑，精准治理是理想状态，是不可能实现的。因此，国家必须对自上而下转移的资源使用进行严格监督，基层必须严格按照国家规范和规定程序使用资源，必须将每一分钱都用到该用的地方，必须用国家资源为基层群众提供最好的服务。

不过，基层群众不是一个人，而是很多人，且基层群众中有好人也有坏人，有钉子户也有贫困户，有可恨的人也有可怜的人，当然还有可爱的人和一切无所谓的人。国家资源下来了，利益敏感的人就会想方设法争夺资源，甚至不择手段，老实人就吃亏，一些老实人也可能因此变得不老实。以前在村社集体中，有人占集体便宜，这个人一定会付出道德上的代价，现在资源是从上头来的，是国家的，这样的便宜不占白不占，能占到便宜是本事。所有人都来占便宜，想占便宜的人与基层干部死缠烂打，这样的基层治理，钱是下去了，事却难办好。这大概是当前全国所有城乡基层干部的共同感受。

中国地域极其广大，不同地区情况十分复杂，城乡基层的情况就更加复杂。城乡基层治理所要面对的大都是各种不同的琐事，因此，任何一项精准的基层治理，都必须是针对当地实际情况展开的，都必须是因地制宜通过具体问题具体分析之后进行的。故而基层精准治理在不同地区因不同实际而进行了不同的治理，这种不同的治理很难标准化和指标化。

现在的问题是，以分配国家资源为基础的基层治理是否精准，不是由基层自己说了算的，而必须由国家来核查评估。每一个基层部门都会说自己的治理是精准的，是符合当地实际情况的，实际上他们可能只是为自己的无能找借口，为自己的失败找理由。没有标准就无法评估，不评估，所有基层治理都有合理性，国家资源是否有效使用就变成了糊涂账。

因此，评估基层治理是否精准的前提是要有一套明晰的评估标准，有具体的评估指标，并可以进行自上而下的治理绩效评估。

基层治理必须标准化后，各种不符合基层治理标准化的"劣治"都会被排除。"劣治"无法通过这样的标准化评估。如果基层治理评估指标按照从上而下的统一标准，也许会使那些真正因地制宜的精准治理通不过，或许有些因地制宜的治理会被评估为治理不精准甚至是失败的治理。

为了保证国家资源安全，自上而下的督查中，凡是不符合标准的基层治理都是不允许的，都是要被督查、查处的。基层干部当然不愿意被查处。符合基层实际却不符合上级标准的基层治理怎么办？唯一的办法就是应付，从而产生了不符合基层实际却符合上级要求的基层形式主义的普遍泛滥。上级对基层治理要求越具体明晰，督查越严格，基层治理中的形式主义就越严重。

基层治理中的形式主义是基层治理不精准的典型表现。也就是说，越是要求基层治理精准，反而可能造成基层治理越不精准。

基层治理要精准就必须实事求是，必须允许因地制宜。一旦允许因地制宜，基层干部就会为各种治理失败找到借口与理由，国家就无法对基层治理是否精准进行评估。基层治理精准必须要以基层治理标准化为前提，而实际上基层情况千差万别，几乎是不可能标准化的。要精准治理就必须允许因地制宜，因地制宜破坏了自上而下的标准化要求，也就造成了基层精准治理的不可能。因此，基层精准治理实际上是不可能的。

基层精准治理的关键在于有高素质的基层干部，在于基层干部的积极性和主动性。基层干部的积极性和主动性又来自于基层干部的荣誉感、上级的信任和正向激励。如果上级严格的督查让基层干部消极和沮丧，没有基层干部本身的积极主动参与，那么无论如何都实现不了基层善治。

2020年3月15日

基层治理中的小概率事件

2018年，我在江西G市调研时，当地正在加强对农村精神病患者的监管。市有关部门要求乡（镇）村干部和相关人员加强管理，包括乡镇卫生院、派出所、综治办以及村干部每月要到精神病患者家中家访帮扶关心。结果，村里一个精神病患者由于连续多日有很多陌生人来访，受到刺激，造成精神病复发，天天在村里骂街。市有关部门要求加强对精神病患者的监管，是因为当地曾出现精神病患者肇事肇祸。为防止再生意外，中央有关部门下发紧急通知，要求全国各地摸清精神病患者底数，加强监管。

2019年，湖北省一个三岁半儿童被遗忘在校车内，导致身亡，造成重大不良社会影响。市里对校车司机、校车公司负责人、幼儿园负责人以及教育局负责人共20多人进行了处分，其中多人被判刑。

2020年，我在广西调研，与某市城建部门苏主任交流时，她一再提到一氧化碳中毒排查工作。广西气温高，冬季时间不长，但是，由于农民缺乏安全防范意识，近年来屡屡发生农户因烤火取暖或用燃气热水器洗澡引发一氧化碳中毒的悲剧。因此，防一氧化碳中毒就成了广西冬季的一项重点工作。上级布置乡村干部要对所有可能存在一氧化碳中毒隐患的场所进行排查，存在问题的一律进行整改。一氧化碳中毒事件与干部绩效挂钩，虽然不是"一票否决"，却也是一件大事。这年冬天，有人报告，镇上有一人发生一氧化碳中毒，乡镇干部都很紧张，后来经了解，此人是烧炭自杀。

如果是有人一氧化碳中毒，乡镇干部就不仅要扣除绩效、受处分，还要对全镇所有可能出现隐患的场所进行拉网式全面排查，一一整改。

调研期间，广西一所幼儿园发生伤人事件，教育部当天即紧急通知全国所有小学、幼儿园进行拉网式安全隐患排查，要求所有小学、幼儿园都要在显著位置见到警徽、警械、警力。

实际上，几乎每次全国出现恶性事件，上级有关部门就会紧急布置专项工作的拉网式安全隐患排查，还会针对节假日等容易发生安全事件的时段进行专项排查。

中国有14亿多人，一件小概率事件发生后，很快就会被媒体报道，造成不良的社会影响，有关职能部门就要给个说法，并且倾向从重从严处理，而不会考虑小概率事件本身的特殊性。

上级职能部门对小概率事件的顶格处理与顶格管理，到基层就是要以"一万"预防"万一"，就需要重新调配基层治理资源来重点防范有可能发生的各类小概率事件。

现在的问题是，中国太大，发展太快，发生各类小概率事件的可能性不低。各类小概率事件发生后，通过顶格处理和顶格管理，将责任落到基层，要求基层排查隐患，调配人财物资源，以防万一。职能部门在这个过程中权力进一步膨胀。基层干部面对上级各个职能部门几乎是无限度的要求，在治理资源相当有限的情况下，基层干部长期处在高压的工作氛围之中，基层干部在无法达到上级要求的情况下，就只能应付了。

当基层治理资源大量用于实际上不可能预防的小概率事件时，基层治理中最重要的深入群众、了解群众和动员群众、组织群众，以回应基层群众最迫切需要解决的"大概率"的事，基层干部却没有时间、精力顾及。

对于发生的小概率事件，首先要进行分析研判，对事件本身进行评估，允许小概率事件发生，允许一定限度的风险存在，而不是无限度放大小概率事件存在的风险。要防止上级职能部门为卸责和部门权力的扩张，将所有责任压向基层，导致基层治理无法真正回应基层群众需要解决的"大概率"的事。

对小概率事件，具体问题具体分析具体处理。具有普遍性和苗头性的事件就不属于小概率事件，就要真正进行应急管理。只有上级职能部门能对小概率事件和大概率事件进行有效甄别，基层干部才有能力将宝贵而有限的治理资源用于常规治理和应急治理。

2021 年 4 月 16 日

一四 扶贫与乡村振兴

从开发扶贫到精准扶贫

2014年以来，中国扶贫战略和战术都发生了重大转变，其核心是将之前的开发式扶贫变为精准扶贫，将过去大水漫灌式扶贫变为对识别出来的重点贫困户进行精准帮扶。

我国大规模开发式扶贫政策的调整始于1986年，自上而下正式成立了专门扶贫机构，确定了开发式扶贫方针，确定了划分贫困县的标准，并确定了331个国家级贫困县。1994年，国务院印发的《国家八七扶贫攻坚计划》将国家级贫困县调整至592个。进入21世纪，中国农村贫困人口分布逐渐从国家级贫困县向村级区域集中。2011年，国务院印发《中国农村扶贫开发纲要（2011—2020年）》，明确提出"提高扶贫标准，加大投入力度，把连片特困地区作为主战场，把稳定解决对象温饱、尽快实现脱贫致富作为首要任务"。从2014年开始，在总结以往扶贫实践经验的基础上，中国农村扶贫工作进入精准扶贫阶段。

2016年11月23日，国务院印发《"十三五"脱贫攻坚规划》，要求按照精准扶贫精准脱贫基本方略，要求脱贫攻坚要因地制宜、分类施策，正式将之前以区域开发为重点的扶贫方式转换到以农户扶贫为重点的方式。精准扶贫与之前开发式扶贫的最大差异，就是开发式扶贫的重点在于区域开发，精准扶贫的重点是扶持贫困户。从八个方面突出细化了精准扶贫脱贫的措施：一是产业发展脱贫，二是转移就业脱贫，三是易地搬迁脱贫,四是教育扶贫,五是健康扶贫,六是生态保护扶贫,七是兜底保障,八是社会扶贫。自2014年开始,为了达到精准扶贫的目标,国务院扶贫办开发了扶贫数据库,要求全国各级地方政府为所有贫困户建档立卡,并将建档立卡信息录入数据库,数据库并网运行、联网管理。

扶贫战略由开发式扶贫到精准扶贫的转变,很重要的一个原因是在开发式扶贫阶段,全国出现了争当贫困县、贫困县不愿摘帽的普遍现象。只要被纳入全国贫困县,就会有数以亿计的财政开发资金的无偿输入,以及各种国家项目的无偿投入。全国屡屡出现"热烈庆祝本县被列入国家级贫困县"的荒谬现象。随着中国经济的持续增长,贫困人口大幅度减少,整村甚至整县贫困户大幅度降低,贫困越来越成为个别现象。之前开发式扶贫中,大量扶贫资金是用在县域范围基础设施和公共服务上,真正贫困户受益很少,甚至大部分贫困县中扶贫资金极少用于对贫困农户的帮扶。在中国贫困发生率大为降低,整体贫困大为减少的情况下,如何改变开发式扶贫中普遍存在的大水漫灌、不精准扶贫问题就被提上议事日程。

开发式扶贫中,一个重要的说法是将"输血式"扶贫变为"造血式"扶贫,让贫困地区农民具有自我发展的能力,而不只是向贫困地区"输血",防止出现越输血越依赖、越"等靠要"的问题。造血式扶贫的关键是发展贫困地区经济,从而使农户具有更多获得收入的机会,提高收入水平。扶贫这个概念本身是一个发展的概念,就是通过外部资源输入,使贫困地区发展经济,农户增加收入,从而消除贫困。要造血式扶贫,就不能只是给贫困地区资源,而且要为贫困地区创造发展的条件,因此,开发式扶贫的重点是建设基础设施和提供公共服务,其中最重要的是修路和建饮水工程等。此外,发展产业也是开发式扶贫的重要内容。公共服务方面的重点则是发展义务教育和职业教育。国家大量资源的输入为贫困地区提供了相对较好的基础设施和公共服务，贫困地区的农户就具有了通过劳动来获得收入的机会，他们生产的农产品能更方便的运出变现，他们也更有机会加入全国劳动力市场，获得劳动收入。改革开放以来，中国减贫事业取得了巨大成功，从根本上讲就是中国持续经济增长为所有人都提供了从市场上获取收入的机会。通过修建基础设施和提供公共服务，开发式扶贫让贫困地区的农民也有了与全国人民同样参与市场的机会，从而通过自己的劳动快速脱贫。

对于贫困户的精准扶贫，唯一有效的办法是社会救助兜底，也就是输血式扶贫。针对贫困户家庭的输血式扶贫，最重要的办法是低保。当前农村低保制度已经实施10多年，相对比较成熟——通过对纳入低保户的收入补差，使低保户可以顺利度过家庭艰难期，在具备条件时再进一步发展。扶贫则远比低保有更多的扶持办法，贫困户可以通过劳动来创造出属于自己的美好生活。

在我国农村（当然也包括贫困地区的农村），有一些农户家庭缺少基本劳动力，从而无法抓住扶贫机会来发展生产、增加收入。缺少基本劳动力和基本收入，温饱问题也难以解决的农户，就应当被纳入农村最低生活保障进行社会救助。低保以及五保、大病救助等社会政策与扶贫政策的最大不同，社会政策更多是针对社会发展中失败的个体，是针对这类个体的无偿的保底救助。

2017年8月22日

贫困户的动态调整

2020年年底，我国现行标准下，农村贫困人口实现全面脱贫，贫困县全部摘帽。全面脱贫并不意味着消灭了贫困，因为贫困是一个动态的过程，不断地产生，所以建档立卡贫困户就要依据实际情况进行动态调整。

2017年，我在河南豫县（化名）调研，分管精准扶贫的县人大常委会赵副主任提到，要搞好精准扶贫，最重要的有三点：一是精准识别，二是要舍得投入，三是干部得力。

贫困户识别不精准，一切精准扶贫都是空谈。2014年，豫县贫困户建档立卡走了过场，未严格识别贫困户，成为豫县精准扶贫中的最大困扰。这也基本上是全国各地精准扶贫的最大困扰。因为已经建档立卡，再大范围按实际情况来进行贫困户识别，就不好向上级交代，尤其是实际贫困户远没有建档立卡贫困户多，很多不是贫困户的农户被评为贫困户，除在"回头看"中通过"九不准"等条件清除了一部分，建档立卡贫困户数量上仍远远超过实际，贫困户与非贫困户边界模糊。大量扶贫资源下来时村民争当贫困户，争夺扶贫资源。

精准扶贫是政治任务，国家以空前决心来开展扶贫"战役"，全国各地扶贫投入都很大。豫县2016年和2017年投入扶贫经费近20亿元，而豫县一年财政收入才6.7亿元。

干部得力主要是指乡村干部要及时发现新出现的贫困户，及时将新出现的贫困户纳入建档立卡贫困户中，以免在第三方评估中被发现，从而出现漏评。扶贫要不落一个人，漏评扣分很重，绝对不能漏评。为了防止漏评，乡村干部（包括驻村第一书记）就要随时掌握情况。比如村里有人确诊为癌症，就要立即纳为贫困户，并建档立卡。如果经第三方评估，在村庄发现有农户的住房漏雨，是危房，却未纳为建档立卡贫困户，那就是漏评，就要扣分。因为"两不愁三保障"中要求有基本住房保障，虽然很可能这一户户主是老人，他儿子已经在城市买了房子安了家，他不愿到城市住，又不愿自己改造住房。在不允许地方干部解释的情况下，这一户就会算作漏评，就要扣分。因此，豫县要求对非贫困户也都建档立卡，万一在第三方评估中出现这样的误会，就要出示非贫困户建档立卡的资料。非贫困户建档立卡工作量极大。豫县为了防止第三方评估中的漏评，正拨出专款对全县所有危房进行改造，而不管是否为贫困户以及无论房主是否需要住房。

为贫困县摘帽，豫县可谓想尽办法花了大力气。其中最重要的一条，就是防止有人漏评为贫困户，因为这是在第三方评估中扣分最重的项目。山西晋县（化名）也是贫困县，晋县在识别贫困户上比豫县花费了更多精力，其中主要是通过严格的民主评议程序来评出贫困户。为评出贫困户，很多村庄仅村民大会就召开了30多次，村民代表会议以及各种干部会议更是不计其数，最后终于形成了村民基本满意，也都是经过了严格民主评议与公开公示程序的贫困户名单。这个名单中，很难有未经过民主评议而纳入的农户。

这样就会造成两个麻烦：一是真正的贫困户如果与村民关系不好，在民主评议中很难通过。比如，村里一个50多岁的妇女患癌症，家庭条件不好，但这个妇女与村民关系都不好，民主评议未通过。她每天到乡政府吵闹，隔几天到县扶贫办吵闹。县扶贫办说关键是乡镇要报上来才能批，按规定乡政府也只能由村里报上来。可按程序必须通过村民民主评议且需要公示，村里民主评议通不过就成为死结。过了3个月，因为这个妇女天天闹，乡政府没办法，只好违反程序直接报到县扶贫办，建档立卡纳为了贫困户。

二是按照精准扶贫的规定，每年都应对贫困户进行动态调整，一些脱贫的农户就应当退出贫困户范畴，还有一些新产生的贫困户则应被纳入。在豫县调研时，有一次，正好碰到一个村支书与上级下派来的驻村第一书记讨论动态调整贫困户问题时，爆发激烈争吵。驻村第一书记强调必须按上级要求对贫困户进行动态调整，将符合贫困户条件的农户纳入进来，村支书则坚决反对，说一户都不能纳入，因为只要纳入一户就会有几十户要求纳入，他们会天天来找村支书软磨硬泡。贫困户名单是经过严格程序反复评议出来的，一动就会乱套，所以就不能再动了。羊道沟村村支书讲，他们村评贫困户，大大小小开了七八十次会，公示了七八次，评定识别期间，村民又打又闹，有的老百姓为了评上贫困户会想尽一切办法。有的村民晚上赖在他家不走，早上他还没有起床就有村民来上门。村干部被人指着鼻子骂，被人动手打，都是常有的事。村支书说，评贫困户期间他都快疯了，只想到山上林场痛哭一场。村民又哭又闹争当贫困户，是因为刚开始不知道贫困户是有国家资源支持的，很多农户不愿建档立卡。后来，他们发现当上贫困户是一笔"大买卖"，利益大得很，全村被争当贫困户的人搞得一团糟。因此，村支书听说要再调整贫困户，非常害怕，坚决反对。

豫县将精准扶贫确定为干部工作是否得力的重要条件之一，而是否得力的主要标志又是能否及时发现新的贫困户,并将其纳入建档立卡贫困户中。由乡村干部来发现新的贫困户,新增贫困户是通过一个客观标准来确定的,而不是通过村民民主评议出来的。客观标准中的基本标准是农户家庭收入低于当地贫困线。实际上,很少有农户家庭人均年收入低于当地贫困线。因此,新增贫困户一般为新确诊大病的农户,尤其是患癌症的农户,豫县要求将所有新确诊为癌症的农户纳为贫困户。

贫困户的认定是以家庭年人均收入以及"两不愁三保障"为标准的。农民有基本的医疗保障,但是,农民患癌症往往没有经济能力治疗。这种情况,乡村干部将其及时纳为建档立卡贫困户,是没有经过村庄民主评议与公示程序的。如果可以不经过村庄民主评议与公示就被纳为建档立卡贫困户,则谁来决定被纳入的贫困户是否符合条件?符合哪个条件?还有很多条件接近的农户可不可以被纳入?不纳入,他们就会又吵又闹,一户被纳入则有几十户也要求纳入,会不会一动就乱?

精准扶贫中存在的问题,从全国情况来看,大概可以分成三种不同的状况:

一是沿海发达地区农村。这些地区贫困户很少,所以很容易甄别出来,并很容易帮扶。沿海发达地区农村往往不仅具有丰富的资源,而且有强大的治理能力,包括精准识别与精准帮扶的能力,所以沿海发达地区农村的精准扶贫根本就不是问题。

二是深度连片特困地区。这些地区贫困发生率高,地方政府资源少,基层治理能力弱。它们显然是精准扶贫的重点。改革开放以来,大量农村劳动力外出务工或经商,从全国劳动力市场上获得了收入,改善了家庭生活条件。越是贫困的地区,全国劳动力市场也就越对这些贫困地区劳动力有吸引力。大量农村劳动力流出,就为留在农村的劳动力提供了较为宽松的自然资源条件与各种获利机会。只要农户有致富愿望，又勤劳，就可以凭借自己的力量改变贫困状况。现在存在的问题，一方面是这些深度贫困地区往往是文化贫困，只追求温饱不追求上进与致富。这个时候，外界经济资助越多，农户就会越懒越是"等靠要"。另一方面这些深度贫困地区最需要将劳动力转移出去，从全国劳动力市场获利，而国家又不断投入财政资源扶贫农业产业，需要将劳动力留在村庄。

三是中西部地区绝大多数的农村。这些地区的农村已经深度参与全国市场，所有有条件的农户都试图从市场上获取各种利益机会，无论是进城务工或经商还是留村经营农业，他们都是依据自己家庭状况进行安排，并可以在基本保障的条件下最大限度获利，最典型的是"以代际分工为基础的半工半耕"家计模式。只要有劳动力，农户就可以获得远远超过贫困线的收入。只有出现了特殊天灾人祸的农户家庭，因为缺少基本的家庭劳动力，才会发生家庭贫困。

2020 年 9 月 12 日

大数据比对与农村低保

实施农村低保制度，最重要的一环是识别出农村低保户以及计算出农户年人均纯收入与当地最低生活保障标准的差额。计算农户收入有着极大难度，因为农户收入中有很多非货币性收入，他们在外务工或经商的现金收入也很难统计。正因为难以准确统计农户收入，农村低保户就需要靠村干部识别——村干部往往具有很强的自主权，起初在实施农村低保政策时发生了很多不规范的操作。最终解决办法有二：一是严格规范农村低保标准，反复清理清查农村低保工作中各种小微权力的腐败；二是对农村低保户进行大数据比对，规定凡是不符合条件的低保户一律清理出去。

农村低保工作的规范化、常规化，其中一个重要措施是大数据比对。而大数据比对有效，是因为低保户具有与一般农户相当不同的结构性特征。比如大数据比对项目中，有无大额存款，有无商用车辆，有无城市商品房，有无财政供养人员，有无私人轿车，有无高价证券，等等。一般来讲，家庭中凡是有以上诸项中的一项，就不可能是低保户，就应当从低保名单中清理出去。2016年前后，全国有些地区接近一半的低保户经大数据比对后被清理出去，没有引起任何争议，正是因为大数据比对应用的精准。

2016年之前，武汉市郊H镇有1700多户低保户，2016年经过大数据比对，只剩下900多户1300多人。据镇民政办主任讲，大数据比对后只剩下900多户低保户，一半是维稳保，主要是乡村组织为了解决村民上访而给予的低保。

2016年，欧咀村有2400人，原有64户低保户，通过大数据比对，只剩下29户。这29户还包括7户无子女特困老年人。在大数据比对以后，欧咀村组织村民评议小组对包括7户孤寡老人在内的29户进行评议，又排除了7户。

冯铺村在大数据比对之前有76户低保户，比对之后还剩下19户。据冯铺村村支书讲，之所以会有这么多被大数据比对下去的低保户，是因为过去低保不设指标，农户享受低保都是国家出钱，村干部乐于将低保作为治理资源来解决村庄中比较难解决的问题，因此形成维稳保和关系保。当然，大数据比对也不是绝对准确，冯铺村村支书说，大数据比对后，被排除低保的57户中有比留在低保中的19户更困难的，但大体反映了农户收入的差异。或者说，大数据比对没有排除的19户低保户中也有家庭经济条件不错的。欧咀村的做法，是组织村民评议小组进行评议，将不符合低保条件的农户精准排除。冯铺村村支书说："大数据都没有比对出来，我为什么要去将低保户精准清除？清除一户就得罪了这一户和他们的亲友。低保不是我出钱，我也不可能当一辈子支部书记。"因此大数据比对后剩下的19户，冯铺村全都上报为低保户。

因为农户收入很难统计，按年人均收入来确定低保户很困难。在上级不设低保指标、应保尽保的政策下，全国农村普遍出现了低保扩大化的现象，主要表现在年人均纯收入超过当地最低生活保障标准的农户被纳入了低保，低保成为乡村治理资源，出现了普遍的维稳保，出现了各种关系保、人情保。在2016年大数据比对之前，农村低保存在的主要问题不是"应保未保",而是"不应保"也纳入了低保中。因为存在显著的农户收入断裂带,通过大数据比对后将不符合条件的农户清理出去,低保制度获得了农民的极大支持。

2016年,武汉市对农村低保进行大数据比对,H镇大约一半的低保户因不符合低保条件而被排除,留下来的也有不少不符合低保条件。仅仅通过大数据比对这项技术,就极大地提高了低保制度实践的精准程度。

欧咀村通过召开村民代表评议会议,对比对数据后仍未排除的低保户进行精准评议,就更科学合理。冯铺村不再评议低保户而是全部上报,也比过去精准多了。

在农户收入很难精确计算的情况下,大数据比对也只可能相对精准,虽然可能仍有不符合低保条件的农户没有被清理,但这样的农户占低保户总数的比例已经很小了。这个相对精准的大数据比对,将90%以上的低保制度实践中的模糊错位空间排除了,从而为农村低保制度有效运作提供了极大的保障与便利,大数据比对在某种意义上拯救了农村低保制度。

从这个意义上讲,大数据比对技术提高了国家治理能力。

2018年4月23日

产业扶贫存在的风险

消灭贫困最好的办法是发展生产。新中国成立前,中国是世界上最贫困的国家之一,大部分人未能解决温饱问题。新中国成立后,通过持续发展生产,中国逐步摆脱了贫困。尤其是改革开放以来,取得了举世瞩目的减贫成就。这与中国经济持续快速增长,产业不断发展紧密相关。

当前中国正处于快速城市化进程中,城市提供了大量二三产业就业机会,而农村尤其是自然条件比较差的农村投入产出回报率比较低,农业产业占GDP的比重越来越小。靠在当地农村发展产业解决当地农村贫困问题,可能造成产业投入低效,当地农民从生产中获利有限,扶贫达不到效果。

2017年4月,我们到西南Y县和P县调研,看了几个产业扶贫的点,也了解到两县关于产业扶贫的情况,加深了对产业扶贫的担忧。抄录Y县和P县的汇报材料如下:

Y县脱贫攻坚口号是以"八个一批"为抓手,而"八个一批"中的第一批是:

通过发展生产脱贫20000人(全部贫困人口51540人)。具体做法:采取"公司+基地+农户"模式,不断拓宽致富渠道,大力扶持发展Y县荔枝、猕猴桃、枇杷种植等特色产业,出台了"十百千"工程产业发展补助政策,并强化金融支持,及时研究各项扶持政策发展小微企业,带动周边建档立卡贫困户发展产业和就业。2013年以来,先后发放金融扶贫资金10.7亿元。2017年,Y县已累计发展荔枝约5.6万亩、猕猴桃约5.48万亩、枇杷约6.56万亩,建成81个百亩以上连片基地,总面积约2.48万亩;发展小微企业130家,带动650人就业。2016年,Y县通过发展生产脱贫建档立卡贫困人口5898人。

P县脱贫攻坚的第一个办法也是发展生产"改穷业",具体做法:

坚持"短中长结合"的原则,既有短平快的产业,也有支撑长期发展的产业,以产业发展带动群众致富。

一是合作式产业扶贫。积极推广"土地入股+保底分红"和"公司+合作社+农户"的土地流转模式,探索资源变股权、资金变股金、农民变股民的"三变"改革,创新股份合作制扶贫模式。全县发展龙头企业17家,组建161个专业合作社,流转土地5.27万亩,提高土地综合收益,带动群众增收致富。

二是菜单式产业扶贫。整合各类资金3650万元,以每户3000元的补助标准,扶持32个贫困村的建档立卡贫困户发展产业,实现每户有1~2个扶持项目。

三是立体式产业扶贫。大力推广稻鱼鸭生态种养模式,按照每户23只鸭苗、10公斤鱼苗的发放标准,扶持贫困户通过既种稻谷又养鱼鸭的形式,提高稻田单位面积效益。2017年,P县完成稻鱼鸭示范3000亩,辐射带动2万亩,综合产值由单纯种植水稻每亩收入不到2000元提高到万元以上。

四是融合式产业扶贫。通过发展旅游服务业脱贫致富。

五是劳动力转移就业扶贫。依托人力资源服务有限公司,有序输出劳动力就业8104人，其中省外3120人，县内就业4984人（高速公路工程用工4471人）。同时，将贫困户列入妇联、人社等部门项目计划，使劳务经济成为搬迁群众的"铁杆庄稼"。

Y县、P县产业扶贫政策看起来很熟悉，无非是这样两个方面：一是招商引资、流转土地、调整产业结构，从而带动农民致富。其中的理想办法是"公司+合作社（基地）+农户"，由公司带动农民致富。二是鼓励农户提高农业投入，搞多种经营，变种粮食作物为种经济作物。而这两个方面的实质又只是表现在一个方面，即通过调整产业结构，增加农业效益，以提高农民收入，让农民脱贫致富奔小康。用一句话总结：产业扶贫是通过调整传统农业产业结构让农民脱贫。

20世纪90年代末以来，我们在全国农村调查，20多年来反复听到关于农业产业结构调整的各种问题。众所周知，仅靠种植粮食作物，农民小规模经营是不可能致富的。农民要致富就必须种高附加值的经济作物。但是，在接近20亿亩耕地的国情下，农产品供给能力极强，凡是高附加值的经济作物都会有大量农户增加种植。市场供给增加，最终供过于求，高附加值的经济作物卖不出去，种经济作物反而不如种粮食作物。在市场经济条件下，农户具有极强的响应市场信号的能力，虽然种粮食作物很难致富，大宗粮食作物价格却可以保持相对稳定，风险比较小；虽然种经济作物可能卖高价赚钱，却也很可能存在卖不出去亏本的后果。正是高附加值经济作物的种植风险以及高投入才让其显得高价。农户要追求这个高价，风险很大。若地方政府替农户做主，通过政府投入鼓励农民调整产业结构，种经济作物，甚至强迫农民种经济作物，种经济作物的风险就会飙升，农民调整产业结构失败就会来找政府，要求政府赔偿损失。

近 20 年来，我曾随机到全国各地农村调研，发现绝大多数产业结构调整都是失败的，但这并不意味着没有产业结构调整成功的案例。以中国之大，当然有很多产业结构调整成功的例子，尤其是有些产业通过政府推动形成区域优势，又与当地特定自然条件结合起来，这样的产业结构调整就可能成功，如赣南脐橙、湖北潜江小龙虾。地方官员乃至中央官员到各地参观学习考察调研，如果只是选择考察这些成功案例，这些官员就可能受到误导，因为他们看到的都是成功案例，他们就以为调整产业结构成功是大概率事件。地方政府投入资金、投入行政力量来帮农民调整产业结构，只是要让农民脱贫致富奔小康，这是多么高尚的动机，为什么不会成功呢？因此就有了"运动式"的政府推动的产业结构调整。然后就是大概率的调整失败。下一届政府只是认为前届政府选错了项目，而另选项目进行新一轮产业结构调整，接着又是新一轮产业结构调整的失败。如此往复，农民就会不信任地方政府。

国家扶贫攻坚战略中相当一部分资金是用于产业扶贫，这些贫困地区因此引入资本，鼓励农户流转土地加入新产业的发展中来。大量资源投入到经济作物生产上来，那些现在看来仍然属高附加值的经济作物，因为突然剧增的产量，供给必然大量增加，于是市场供过于求，种植经济作物风险就无比大了。如果将当前全国贫困县调整产业结构的目录拿来比较，就会发现各地重点支持产业极为相似，无非是茶叶、食用菌、柑橘、猕猴桃、枇杷、苹果、西瓜、桃、梨、荔枝、蔬菜等。

在农产品包括经济作物市场需求相对稳定的情况下，增加农产品的供给，农业不仅很难赚钱而且会增大风险。也就是说，可能不仅不能靠农业致富，而且会造成农业收入的下降。相对其他一般农业地区，贫困地区存在着自然条件较差、交通不太便利且信息不灵通的缺点，如果经济作物出现过剩，贫困地区的农民是首当其冲的受害者。地方政府试图通过发展产业来让农民脱贫，却可能不仅浪费了国家投入的调整产业结构的资金，而且会让农民受到不应有的损失。

地方政府推动产业结构调整时还有一个想当然的做法，就是通过招商引资，建立"公司＋合作社（基地）＋农户"的发展模式。资本下乡是要赚钱的，即使在少数地方，资本进入农村带动了一方农村调整产业结构致富，却必然会增加市场供给，造成整个市场的供过于求。资本下乡从事农业会分割农民本来不多的收益，而不是增加农民收益。一旦资本经营失败，农民不仅无法分红，而且无法获得土地的租金，他们就会集体找地方政府要说法了。

2017 年 6 月 5 日

易地扶贫搬迁实例

当前,易地扶贫搬迁工作全面进入后续扶持阶段。为做好脱贫攻坚与乡村振兴的有效衔接,政府应全力做好易地扶贫搬迁后续工作。

一

2017年,我们到西北甘县(化名)、晋县(化名),以及西南某省石头寨村和茅山村实地调研,发现易地扶贫搬迁存在许多问题,特记述之。

(一)

甘县2013年被列为G省国家级连片贫困地区以外的"插花型"贫困县。2013年全县有贫困户3073户9000人。通过几年努力,先后投入扶贫资金1.57亿元,完成了8个镇135个行政村8类192个项目的建设任务,全县贫困人口由2013年的9000人减少到2016年的6234人。

按甘县的精准扶贫规划,全县2067户建档立卡贫困户中,有1969户5800人纳入易地搬迁安置。之前的规划是"以购代建",由政府购买商品房,按市场房价每平方米3000元,每户100平方米,每户需支付房费30万元。农户支付1万元,29万元由政府筹资支付。因为甘县商品房库存比较严重,县政府在易地搬迁安置扶贫项目设计中计划"以购代建",也是为了消化库存。但是,上级批复易地搬迁安置文件下来,要求严格控制安置面积,即每人享受安置面积不得超过20平方米,三口之家为60平方米,四口之家为75平方米,五口之家为90平方米。很少有贫困户家庭人口超过5人,而县城已建商品房面积最小的也有100平方米。政府因此只能另建安置房。

按照易地安置的政策,国家应该给予贫困户搬迁安置的补贴有以下几项:

中央财政按每人8000元补贴,省级财政按每人5000元补贴,地方政府发行债券每人约9000元,银行按每人3.5万发放长期(20年)贷款,政府贴息。

这样,平均到每个搬迁贫困人口上就有5.7万元易地搬迁安置费用。

以一个三口之家来计算,60平方米房子,按每平方米2750元计算,价格为16.5万元。按政策,三口之家的贫困户一分钱不用出,就可以拿到60平方米县城住房,还有6000元剩余款分给贫困户。不过贫困户一分钱不出也容易引发麻烦,所以甘县规定贫困户必须自筹1万元。这样,一个三口之家就可以通过各级政府补贴、借债、贷款以及农户自筹获得18.1万元资金。这个资金统一由县城投公司用来建易地搬迁安置住房或小区。

抄录甘县易地扶贫搬迁项目简介如下:

1. 搬迁对象

本次易地扶贫搬迁对象为全县8个农村镇2067户6234人建档立卡农村贫困户,其中,新坝镇831户2774人,南华镇253户781人,骆驼城镇187户683人,花石镇213户581人,合黎镇58户158人,宣化镇128户322人，黑泉镇244户566人，罗城镇153户369人。总体搬迁任务计划3年完成，其中2016年搬迁213户730人，2017年搬迁539户1866人，2018年搬迁1315户3638人。

2. 搬迁方式

本次易地扶贫搬迁采取"分散搬迁、集中安置、以购代建"方式，在县城或中心村购置楼房2067套进行安置，其中县城山水丽城小区安置1997户6002人，集镇或中心村安置70户232人。

3. 安置标准

家庭人口为3人以下（含3人）的，安置房屋建筑面积以60平方米核定；家庭人口为4人的，安置房屋建筑面积以75平方米核定；家庭人口5人以上（含5人）的，安置房屋建筑面积以90平方米核定。

4. 资金来源及用途

项目预算总投资38062.116万元，其中中央预算内投资4987.2万元（人均8000元），地方政府债券6071.916万元（人均9740元），专项建设基金3117万元（人均5000元），长期贴息贷款21819万元（人均3.5万元），贴息20年，群众自筹2067万元（户均1万元）。中央预算内补助资金全部用于建房补助；地方政府债券和专项建设资金由县级统筹使用，既可用于建档立卡户住房建设，也可以用于基础设施和公共服务设施建设；长期贴息贷款在保证群众住房、安置区基础和公共服务设施建设的前提下，节余部分用于后续产业发展；群众自筹资金主要用于补助购置房屋差额部分。

甘县易地扶贫搬迁，20年长期贴息贷款的债务人是谁，是农户还是政府？若是农户，农户就不愿意搬迁；若是政府，这个债务就有点儿大。我们在与扶贫办的同志座谈时，扶贫办同志讲，他们刚开始也不知道这个贷款要由谁来还，最后向贫困户保证不用他们来还，贫困户才同意易地搬迁。

虽然县城商品房库存比较大，县里规定扶贫安置房10年内不得买卖，毕竟当时县城房价已达每平方米3000元，60平方米，价值18万元。全县目前库存商品房大概还能提高20%进城农户的比例。按县城13万农村人口每户3.5口人计算，全县3.7万农户，县城周边若干乡村都自建了楼盘，易地搬迁安置小区建设就会进一步加剧全县商品房的过剩与库存。

按照政策规定，凡是易地搬迁农户必须将之前农村住房拆除，实际上几乎所有贫困户都将在县城安置视作在县城置业，以作为将来儿子娶媳妇的婚房。安置房将来只是儿子进城娶媳妇用的，他们自己离不开土地，就不可能拆掉农村的住房。也就是说，甘县易地搬迁安置的贫困户，其易地搬迁原因并不存在"一方水土养不活一方人"的情况，农民根本就不可能离开土地。农民愿意自筹1万元来易地搬迁安置，是因为他们用很少的钱就可以在县城得一套住房。县政府之所以会有积极性来易地搬迁安置贫困户，一是因为上级有扶贫任务，二是期待消化商品房的库存（当然没有想到上级要求限制面积从而造成无法"以购代建"，从而不得不另建安置小区）。至于易地搬迁造成的政府发行债券及长期贴息贷款的压力，那是后任政府官员的事情，这个软预算约束就由后任政府官员和中央政府一起去承担吧。

（二）

晋县共有12万人口，其中农村人口约10万。晋县为国家级贫困县，全县建档立卡贫困户有2万人。我们先看一则关于晋县易地扶贫搬迁安置的报道：

移民搬迁是最好的选择

晋西北的秋日，阳光纯净。晋县县城宜居园小区，蓝白相间的30栋6层楼和4栋新建的17层高楼在湛蓝天空的映衬下显得格外清丽。小区的1405户全是搬迁出来的农民，包括孙家坪乡、梁家坪乡、杏岭子乡等6个乡人口。目前，这6个乡200人以下的村已全部搬出，300人以下的村去年开始搬迁，新建的高层今年陆续入住。

先啃最硬的骨头，先把最远最穷的人搬出来，是晋县这些年脱贫实践的主导。在怡园小区，68岁的卜喜堂爽快地带我们去他家。这是一套98平方米的楼房，老卜说，连地下室花了不到15万元，县上补贴了1.2万元。家里装修一新，电器一应俱全。老卜原来的家在孙家坪乡黄土坡村，尽管家里有七八十亩土地，但只能种点儿土豆、小麦等，用他的话"再不竭力就活不好了"。这些年，老卜外出打过工，开过小饭馆。2012年，当县里扶贫移民政策出台，老卜终于在城里安了家。现在他在小区当门卫，老伴做清洁工，收入一年有四五万元，儿子还娶上了城里姑娘。

移民搬迁，是一项复杂的系统工程，对农民来说，故土难离。怎么搬？往哪儿搬？出去靠什么活？经过反反复复的调研讨论，进村入户了解农民意愿，本着"搬得出、稳得住、可发展、能致富"的总体思路，坚持"靠近城镇、接近原村庄"的原则，顺应民意，慎重选址，在全省率先大规模推进移民搬迁,这些年陆续规划建设了清涟移民新村、富康移民新村、楼坪移民新村、西湾移民新村,搬迁了最贫困的百人以下的村庄。

为了能花小钱办大事,移民搬迁遵循"政府给政策、公司搞建设、移民得实惠"的总体思路,探索"高标准起步,低成本运作"的方法,所涉及部门千方百计为减轻移民搬迁负担出力、让利。土地、水电费等主动上门协商,能少则少,能免则免。为了让农民都搬得起,在楼房户型设计上以小户型为主,同时动员工程队降低工程造价。

移民工程涉及人多、资金较大,他们成立了移民工程管理委员会,由移民村村民委员会的党总支书记和村委会主任组成,参与工程招标、日常工程监管和工程验收、移民工程资金的收缴和管理。这样既保证了工程进度和质量,又有利于按工程进度及时拨付资金。从规划到选址,从工程建设到分房入住,移民户全程参与,确保了移民户的知情权和监督权。

统一选址,统一规划,基础设施配套,从最初不到3万元一套的平房到十几万元的楼房,152个村12000多移民的生活发生了质的变化。曾经困扰贫困村的行路难、上学难、吃水难、看病难、适龄青年找对象难的问题迎刃而解。搬迁后由于靠近城镇,搬迁户增收门路也多了。原经堂寺乡乡长徐瑞山告诉我们,去年全乡农民人均可支配收入达7400元,超出全县农民平均收入700多元。更难得的是搬出大山后,农民土地流转还培育出了一批种养大户。

晋县易地扶贫搬迁开始于2003年,当时有一个乡地处石头山区,农业发展空间小,交通又不便利。当年县扶贫办出面在县城边上一个村低价弄到一块地（未征收，仍为农地），为全乡 1000 户 3000 多人建了平房，建房费用大约每栋 2 万元，政府为每个搬迁农民补 2000 元。这次移民搬迁极大地改善了搬迁农民的生活，提高了他们的收入。到 2009 年，全乡 90% 以上村民搬出，原乡建制撤销。

"十一五"期间，全县搬迁 4000 多人，每人补贴 3400 元，用于建基础设施，这个补贴主要是整合了其他政策资金。"十二五"期间，全县又有少数农户搬迁，政府补贴改为每户 4000 元，提供宅基地，农户自建住房。"十二五"期间搬迁 1.4 万人。

"十三五"期间，即进入精准扶贫阶段，易地搬迁成为正式的农民脱贫主渠道。全县建档立卡贫困户中，凡是规模小于 300 人的自然村全部被纳入易地扶贫搬迁，全县被纳入易地扶贫搬迁的农户有 1.2 万户 3 万人，占到全县人口的 25%。地方政府通过各项政策配套，为每个易地搬迁贫困人口提供 3.38 万元资金，其中 2.5 万元直接补贴到个人。

由县城投公司承建的易地安置小区享受各种特惠政策，能不缴纳税费的就不缴纳，安置小区的土地也不是建设用地而是未征收的农地。因此，安置小区的住房没有两证，不同于县城的商品房，却因为在县城边上，与城区其他商品房有相同的区位便利和基础设施条件。

由县城投公司承建的安置小区按建筑成本向贫困户出售所建住房，每个贫困户只有买一套的权利，可以相对自由地选择大小，一般一套 100 平方米的安置房，农户要出 15 万元，若一家四口，政府按每人补了 2.5 万元，农户只要自筹 5 万元就可以买到安置小区房。

2016 年开始，晋县同时开工建设了 1 万套易地搬迁安置房，几乎可以安置全县四分之一的人口，而前几年陆续已建数千套扶贫搬迁安置房。结果，总共只有 12 万人口的晋县，县城就要容纳大约 1.5 万户 4.5 万人的搬迁贫困人口。这些人几乎不用自己出钱就在县城拥有了一套住房。晋县其他非贫困户也多在县城购买了商品房,加上晋县本身接近2万城镇居民,晋县农村就彻底空心化了。

二

在"一方水土养不活一方人"的情况下,确实应当通过易地搬迁来扶贫。2017年,我们到西南某省调研,看到由这一原因而易地搬迁的两个例子,记述如下:

(一)

Y县平田村委会地处海拔1000多米的山区,全村共有15个村民组,13个村寨,436户3016人,其中389人在外打工。石头寨是平田村的一个村寨,共42户213人,村民主要为彝族。2014年建档立卡贫困户共27户108人。石头寨共有180亩承包土地,农民开荒400亩。

2015年,在地方政府的主导下,石头寨进行了整体搬迁。搬迁石头寨的一个原因是当地可能会发生地质灾害。42户搬迁,建档立卡贫困户每户补3万元,地质滑坡补2万元,农户自筹4万元,共计9万元,用于在新址建房。非建档立卡农户只能得到2万元地质滑坡补助,其余自筹。新址选择在石头寨河谷对面公路边上,交通方便,地势也比较平坦。每户统一宅基地为80平方米,所建住房为一层半,即在一楼上面另外建两间房,建筑面积108平方米。"新址建房+基础设施"建设共计投资749万元,其中农户自筹大约200万元,其余549万元为各级政府补贴,含贫困户搬迁补贴和地质滑坡补贴大约200万元,地方政府另筹300多万元。

从新址建设的村寨来看，不仅农民住房比过去上了档次，而且基础设施相当好，交通也便利。农户的住房生活条件可谓大幅度改善了。

搬迁后，虽然新房建起来了，农户老房子却都没有拆掉，原因是农民土地仍然留在老村寨附近。新村寨离老村寨有10多公里，道路条件不够好，农户要耕种土地，住在新村很不方便。更重要的是，新村寨住房面积比较小，没有猪圈，也没有养鸡的地方，很多农户还要养牛、养马以犁田驮运，新村也没有牛圈马圈。因此，虽然新村已经建好一年多了，农户却大都仍然住在老村老房子，新村新房闲置。

从农户角度来看，每户仅仅出4万元就可以建一栋新房，他们是很愿意出这笔钱的，借钱也愿意。从农户实际需要来看，他们在老村，不仅种田方便，而且可以养猪、养鸡、养牛、养马——养鸡养猪收入是农户家庭重要收入来源。石头寨42户共有接近600亩土地，户均土地15亩，主要种玉米。加上种药材、果树（比如枇杷）和养殖，一户年收入2万元并不算特别困难。以5口之家计算，人均年收入4000元，已经超过了当地贫困线。而按平田村平均一户有一人外出务工计算，外出务工平均年收入3万元应该不成问题。石头寨依托老村，中老年人留村务农，年轻人进城务工，家庭年收入远远超过贫困标准。

如果搬到河谷对面新村，农户家庭再来种地就不是很便利，且没有地方搞养殖。地方政府鼓励农户将土地流转给外来资本种植猕猴桃，从土地获得租金，然后给外来资本打工，每天有80元务工收入。然而，这种务工是间歇性的，且农户缺少了其他收入，农户的农业收入就会下降。年轻劳动力较多的农户家庭，搬到新村利大于弊；家庭年轻劳动力比较少、收入依靠土地种植和养殖的农户，搬到新村收入就降低了，是弊大于利。

（二）

茅山村属高寒山区，平均海拔 2200 米，为苗族世居地，共有 58 户 261 人。2016 年人均年收入为 2961 元。2014 年建档立卡贫困户 55 户 246 人。茅山村距乡政府所在地 22 公里，道路基础设施落后，交通不便。全村耕地面积 145 亩，作物以玉米为主，生产出行主要依靠人背马驮。村内无学校，无卫生室，电力能源供给短缺，通信不畅。农民文化素质偏低，三分之二的农民不会讲普通话。

茅山村所在的黄茅岭乡辖 7 个村委会，总人口 20166 人，其中建档立卡贫困户 1477 户 5917 人，共有 7 个少数民族。

2016 年，黄茅岭乡政府将易地扶贫搬迁作为"头号工程"，在乡政府所在地征地 55 亩，投资 1400 余万元，在深山区、高寒区、地质灾害频发易发区实施"下山进城"搬迁工程。按照"尽力而为、量力而行"的原则，立足于经济、适用和体现地方特色要求，针对不同对象进行分类安置。对较有能力的贫困户积极引导，通过购买宅基地个人自建方式进行安置。对家庭条件困难的建档立卡贫困户，采取"266"的方式，即贫困户缴纳 2 万元的土地征用款、政府补贴 6 万元、贫困户再自愿申请 6 万元的住房建设转贷资金，在集镇易地搬迁点统一建设、统一装修 60 套户均不低于 90 平方米的小高层套房进行安置，并共有一层 960 平方米的商铺，开展生产经营活动。共搬迁 116 户贫困户（其中建档立卡户 61 户）。

2017 年 4 月，茅山村的 58 户中已有 29 户签约搬到了安居点，剩下的 29 户要么无法自筹 2 万元土地征用款，要么担心搬到集镇后没有土地就没有了收入来源——年轻时还可以外出务工，年老了没有务工收入，住在集镇的房子里无收入，没有办法生活。尤其是当茅山村农民搬到集镇居住以后，土地不耕种过几年就会退化。因此，农民对搬迁有很大疑虑。

从以上易地搬迁的例子，可以窥视易地扶贫搬迁存在的普遍现象，有若干值得讨论的问题。

第一，成本巨大，尤其是政府债券和长期贴息贷款是将来的巨大隐患。中央以为每年扶贫只用了不到1000亿，其实所有花费最终都要由政府买单，这个花费可能每年高达数千亿元，后患无穷。

第二，90%的易地扶贫搬迁都不存在"一方水土养不活一方人"的情况。反过来，农民离不开土地，几乎所有我们看到的易地搬迁安置扶贫，农民都保留了老房子，并且仍然在老房子中居住生产和生活。在县城的新房很大一部分是留给儿子结婚的婚房。

第三，贫困户往往仅花一两万元就可以近乎无偿地在县城获得一套安置房，这对非贫困户极端不公平。相对于农民的收入，在县城购买一套房子不仅会花光农户所有积蓄，一般还会欠下巨额债务。现在国家几乎无偿为贫困户提供一套城市住房，对非贫困农户来讲，这该是多么巨大的不公平！

第四，对于自然条件十分恶劣，农民无法从一方水土中获得脱贫条件的农村，必须下定决心易地搬迁。即使农民故土难离也要进行动员，否则就可能造成贫困的代际传递。

第五，对于自然条件尚可，具有一定农业生产条件的农村，考虑到中老年农民在城市缺少就业机会，与土地结合起来不仅可以有农业收入，而且可以有农业就业和建立在农业生产基础上的熟人社会的人际联系，就使得这些农村仍然对农民家庭具有积极作用。在这些村庄，农民家庭实行代际分工，年轻人进城务工或经商，中老年人留守村庄务农生活，就可以最大限度地提高农民家庭适应市场的能力，并逐步城市化。如果进城农民年龄大了，无法在城市体面安居，仍然可以返回农村。几乎所有易地搬迁农户都有的一个顾虑：离开土地年老之后怎么办？要知道，年老之后，农民不仅需要有最基本的收入，而且往往还需要有建立在生产基础上的社会关系。

第六，易地扶贫搬迁，比较好的办法是搬到集镇。集镇不仅交通方便，而且多多少少有一些二三产业就业机会，子女可以比较便利地接受教育。虽然搬迁地比较偏僻，但农户可以在附近获得一小块土地，用于农业和副业生产。

易地扶贫搬迁应当慎重，只有当一方水土的确养不活一方人时，才应当易地搬迁安置。当前中国易地扶贫搬迁中的很多案例，只是貌似改善了农民住房条件，而忽略了农民的生产需求。这不仅会造成沉重的国家财政负担和严重的资源浪费，而且会降低农民的生活质量。

2020 年 9 月 11 日

全国统一劳动力市场

2017—2019年,我们到全国多地农村调研,关注到精准扶贫与农民工外出务工诸问题。精准扶贫,让农民摆脱贫困的一个办法就是组织农民外出务工。一个农民家庭,只要有一个人外出务工,其收入就足以让全家摆脱贫困。之前到云南省红河自治州调研,农村年轻人都不愿外出务工,年轻健康的一对夫妻带一两个孩子却是贫困户的情况十分普遍。

中国农民工流入地普遍出现了农民工短缺,农民工工资不断提高,"五险"基本上都有保障,农民工年龄限制越来越少,且夫妻俩带孩子一起外出务工也越来越普遍。企业常年招收农民工,招工年龄已经放宽到45岁甚至48岁,在厂里务工时间长的农民工,可以一直干到50多岁,且基本上所有农民工都有"五险"。为了招收农民工,有越来越多沿海企业搬到中西部地区。从农民务工流入地来看,我们在浙江省绍兴市以及广东省东莞市、江苏省苏州市调研时,发现农民工有短缺现象。我们调研的红河自治州就有一家搬过来的深圳企业,计划用工量是2万人,2016年在当地招收2000名农民工,3个月后只剩下不到200人。我们到河南省豫县调研,正好遇到县纪委向各乡镇发通知,要求各乡镇必须组织农民工到刚在本县投资的企业工作,并保障基本工资不低于2000元。

企业为了留住员工,也大多会推出各种节假日的奖励。回家过春节往往是换工作的高峰时期，为了让农民工节后回来上班，企业往往给春节返乡农民工报销路费。为了防止农民工中途离开，有企业推出零存整取计划，即每月存500元，年底一次性发7000元，等等。另外，农民工的工资也不算低，除"五险"，每月工资4000元是比较正常的。绍兴经济技术开发区一般工作时间为三班两倒，每天工作8小时，一周6天。绍兴经济技术开发区以化工企业为主，在这里务工的农民工以30~45岁为主，其中接近一半是夫妻一起来务工，相当多带孩子的家庭，只要孩子上了幼儿园，妻子工资用来生活，丈夫工资可以存下来，一年可以有四五万元积蓄。

一个较为极端的例子：枣庄农民赵思军，45岁，夫妻俩都在绍兴务工，他自己是一家公司的保安，兼做当地和谐促进员。妻子在当地一家企业务工，带3个孩子，一个刚技校毕业，一个上初中，一个上小学六年级。每年仅靠丈夫兼职做和谐促进员（每月2000元）和妻子务工之余做手工的收入（每月500元）就可以应对全家日常开支。赵思军每月工资5000元，年终1万元安全奖，妻子每月工资4000元，一年的收入约13万元。

与农民工进城务工年收入轻松就可以达到数万元相比，农民务农收入相对有限，更有部分农户家庭收入低于国家贫困线，成了贫困户。按国家贫困标准，农民家庭人均年收入低于3000元即为贫困人口，一家四口年均收入低于1.2万元即为贫困户。若一家四口仅靠农业收入，也许家庭年均收入会低于1.2万元。若这个家庭中有一个健康劳动力外出务工，按每月最低3000元收入计算，一年3万元收入是不难的，家庭年均收入高于1.2万元，超出了国家贫困标准。何况农户家庭往往不是只有一个劳动力。

只要有劳动力，农户家庭就可以按自己家庭情况进行决策。在工厂普遍缺少劳动力的情况下，农村中青年人要进城到工厂找工作易如反掌。当然他们还可以到工地找事情做。越来越多的农村劳动力进城务工，就会有越来越多获利机会，而不只是单纯依靠种自家承包地赚钱。大量农村劳动力进城务工，不仅提高了农村的整体收入，也为农户增加了获利机会，从而使绝大多数农户收入远高于贫困线。

帮助农民脱贫的一个办法，就是帮助农户家庭劳动力外出务工。目前已经形成全国统一的劳动力市场，且总体上农民工短缺，只要他们身体健康，到城市找到务工机会不是难事。反过来，如果地方政府为了招商，许诺帮来本地建厂的企业招到足够员工，政府就不需要动员农民进城务工了。江苏省南京市溧水区在计算农户收入时，凡是适龄健康劳动力，无论是否外出务工，都按最低每月2000元计算收入。在家休息等价于外出务工的最低收入——他们有充分就业机会却留在家中。

在西部偏远地区，尤其是在少数民族地区，农村劳动力还不习惯外出务工，原因是他们缺少求职经验，语言上也有障碍。地方政府为了让农户脱贫，组织他们进城务工是有一定意义的。不过，改变他们命运最重要的仍然是教育，通过普及义务教育以及提供职业教育，让偏远地区年轻人进城，他们就可以从城市获得远高于之前在农村的收入，就有机会摆脱贫困。

在我们调研的几乎所有的中西部地区，因为自上而下的贫困指标太多，大量非贫困人口都被纳入建档立卡贫困户中，其中大多数农户家庭都有青壮年健康劳动力。这些农户家庭又分两种情况：一种情况，家庭青壮年健康劳动力外出务工获得收入，家庭人均年收入远远超过贫困线；另一种情况，家庭劳动力未外出务工。将这样的农户家庭纳入贫困户，政府再安排特殊的资源、专门的扶贫人员来进行帮扶,效果就可能是贫困户越扶越懒,政府越帮扶,农户越依赖。国家的扶贫变成了贫困户的"等靠要"。我们在全国调研的一个基本感受是国家花了大量资源扶贫,贫困户却越来越"等靠要"。未被纳入贫困户的一般农户也十分不满,他们认为,以前在外打工,他们比那些所谓贫困户更努力,更节俭,冒了更多风险,经济条件只是比贫困户好了一点点儿。现在国家给了贫困户很多好处甚至特权,那他们为什么还要努力劳动,还要外出务工呢?

2017 年 8 月 28 日

当前村级治理应当做什么

当前,村级治理的重点是什么?这是一个值得关注的问题。

当前媒体报道以及地方政府所强调的,村级治理目标是要将农村建设成华西村一样,是要带领农民致富,是要建设"强美富"村庄。因此,在村干部选配、产业发展、集体经济、中心工作诸方面,全国农村似乎都要以最高标准提出要求,进行考核。

华西村当然是好的,美丽乡村当然也是好的。在当前,如果村庄就可以做到"农业强、农村美、农民富",那也当然是好事。现在的问题有二:一是华西村不可复制。当前全国学习华西村,却几乎没有复制成功的先例;二是全国各级地方政府都在集中资源打造美丽乡村示范点,在一个村庄动辄投资上亿元,后期却连基本维护也做不到,不仅无法示范,而且白白浪费了财政资金,挤占了十分宝贵的惠农资源。

中国正处在快速城市化进程中,仍然属于发展中国家,经济增长主要在城市。农民正在快速进城,在城市就业获取收入,有越来越多的农户家庭在城市买房安居下来。农民进城,农村重组。因此,当前的农村是要为农民进城创造条件,要为留守农村人口提供基本公共服务,要为那些进城创业可能失败的农民保留返乡退路。

因此,当前全国绝大多数农村,村级治理的主要目标不是如何发展而是如何维持,不是如何致富而是如何保底。按这样一个目标来看当前的村级治理，工作重点就应当集中在以下几个方面：

第一，协助国家惠农资源安全落地。国家向农村投入大量资源建设基础公共服务设施，惠及千家万户。村干部的重要工作就是协助国家有关职能部门，让国家资源安全落地，有效发挥作用。

第二，将农民组织起来对接国家资源。国家资源在村庄安全落地，关键要有农民组织。将农民组织起来不是要去搞市场经营，而是需要他们参与到资源落地过程，充分表达农民的需求，抑制钉子户，防止"搭便车"行为，以及防止"等靠要"的依赖思想。组织农民的办法，主要是通过村干部发现和动员村庄积极分子，将积极分子组织起来。同时又要经常召开村民会议，通过会议动员群众，向群众讲清楚道理，推选出积极分子并将农民组织起来，让农民群众关心村庄的发展，通过各种形式参与到改善生产生活条件的活动中来。

第三，将农民组织起来的一个好办法是成立老年人协会和乡贤理事会。老年人是当前农村主要留守人群，老年人中有党员、干部、退伍军人、教师，他们中很多人身体好，有钱有闲，且家庭负担不重，他们也乐于被组织起来，通过服务别人体现自身的价值。只要老年人被组织起来了，就可以大幅度提升村庄的治理能力，还可以进一步组织互助养老，由身体好的相对年轻的老人照料高龄老人，国家给予的一定财政奖补，村集体组织给予支持。另外一种组织是乡贤理事会，将村庄外出成功人士组织起来，关心家乡，为家乡建设捐资献策。老年人协会与乡贤理事会是村庄治理的先进组织。

第四，解决村庄基本生产秩序问题，尤其是要解决农民进城后土地承包权与经营权分离所带来地权分散和地块分散的问题。当前农村耕地大都是按户承包按人均分配的，为了公平，土地一般都分得特别细碎。

在农民没有外出务工且农业机械化程度不高时,土地细碎的弊病不显著。现在农民进城了,留守农民扩大经营面积,好几十块地,分散在全村东南西北,无法完全适应农业机械化发展需求。村级治理的一个重点就要关切当前仍留村耕种农民的生产需求,解决他们生产中面临的实质性问题。

当然,农村土地细碎化已经不适应当前农村现代农业的发展,国家应当调整农村土地承包制度,整合分散地权和细碎地块,以容纳新的农业生产力和生产关系。

第五,村级治理的一个重要方面是解决村庄内的矛盾,做到"小事不出村"。

第六,完成上级交办的任务,典型如当前农村工作中老大难的"秸秆禁烧"问题。

第七,帮扶村庄困难群众。

上面所列数项村级治理的重点工作都是基础性工作,也是常规治理的内容,目的是维持农村基本生产生活秩序,以适应快速城市化背景下中国农村发展和农民生产生活的需求。只有这些方面做好了,农民才能安居乐业,农村就可以为缺少进城机会的农民提供基本生活保障,也可以为进城创业失败的农民提供返乡退路。在当前和未来很多年,城市仍然是中国经济的增长极,农村则是中国现代化的稳定器。

以此反观当前村级治理,其目标与具体工作主要存在以下几点误区:

从目标上讲,全国各地以打造美丽乡村、发展乡村产业为主要目标的村庄可以有,却不能作为全国农村村级治理的一般目标。带动农民致富也不应当成为当前村级治理的目标。致富是农民自己的事情,应该教育农民自身提高回应市场、捕获市场机会的能力。当前村级治理的关键是要解决农户一家一户所无法解决的公共事务。简单地说,当前村级治理的目标,要以保障农村基本生产生活秩序为主要目标,要适应当前乡村振兴初级阶段的实际,不可以超越当前中国农村发展的历史阶段。

从具体工作上看,乡村治理的主要工作应当是常规治理,通过常规治理来动员农民、组织农民,维护农村基本生产生活秩序。

当前在中国城市化背景下,农村人力财力物力资源流入城市,要让缺少进城机会的农民仍然可以在农村获得体面生活,并非要让农村建设得比城市更好。农民在农村体面生活,可以与土地结合起来,满足他们基本的生产生活秩序,为缺少在城市体面生活能力的农民提供返乡机会,避免农民在城市漂泊。

到2035年,大量农民进城安居下来,中国完成城市化,基本实现现代化,乡村振兴进入第二个阶段,村级治理工作才可以转移到下一个工作重心。

2021年4月15日

农民收入断裂带

依据精准扶贫政策，被识别为贫困户的农户会获得较多国家资源的帮扶，一般农户大都没有不公平感，也不会与贫困户争夺国家扶贫资源。这样一些贫困户是农村的绝对贫困户，绝对贫困户的收入远低于正常农户。在绝对贫困户与一般农户之间存在着一个巨大的收入断裂带。

当前的中国农村，农户一般都存在着"以代际分工为基础的半工半耕"家计模式。在村社范围内，农户按人均分配获得集体土地承包经营权，也就可以获得相差不多的农业收入。在已经形成全国统一劳动力市场的条件下，中青年劳动力外出务工就可以获得相差不多的务工收入。因此，中国绝大多数农村都存在去分化的分层机制，农户家庭收入的差异仅限于不同家庭周期中劳动力与非劳动力的比例。有些农户因为家庭中父母年老，子女年幼，劳动人口少而消费人口多，家庭收入相对较低，再过几年，年轻子女成长起来成为劳动力，这些农户家庭收入就会迅速增加。反之亦然。

正常情况下，仅仅从事农业生产，一个农户家庭就可以解决温饱问题。以户均6亩耕地为例，一个五口之家每年有农业收入1万元是不难的。如果不外出务工，家庭中有两个强壮劳动力，副业收入一年1万元也是不难的。另外可以在家附近打零工，一年收入1万元也是不难的。也就是说，一对夫妻，不外出务工，仅仅种自家承包地，一年收入可达

3万元左右。事实上,当前大多数农民进城务工或经商,他们将承包地转包给仍然留村务农的兄弟姐妹亲朋邻里耕种,不进城务工的农户家庭绝大多数都会扩大耕种规模,且大都会利用农闲来增加收入,比如从事手工业,开小商店,当农业经纪人等。实际上,一个五口之家,只要有一个强壮劳动力,即使不进城,通过扩大农业种植规模、经营副业、打零工和做手工业等,一年收入可以超过3万元,远远超过人均年收入3000元的贫困线。年轻人外出务工,他们的父母也在劳动年龄,无论是务工还是务农都有收入。如果农户家庭中同时有务农收入和务工收入,农户家庭年收入超过10万元也不罕见。

也就是说,只要农户家庭中有劳动力,农户家庭年收入就能在3万元至10万元,或人均年收入在6000元至2万元,都远远超过了农村贫困线。在当前,农户都有大致相等承包土地和外出务工的机会,只要家庭有劳动力,家庭年收入就不会低于贫困线。正是当前城市化以及城市化所形成的全国统一劳动力市场,为全国所有劳动力提供了实现劳动价值的机会,包括大量农民进城之后将农村获利机会让渡给无法或不愿进城的农村劳动力,从而保证了农村劳动力在农村的基本获利机会。

农村中只有那些完全没有劳动力或只有半劳动力的家庭,无法获取劳动报酬,从而缺少收入来源。完全没有劳动力的农村家庭是极为罕见的,一般是重病重残家庭。如果主要劳动力重病重残,就使得农户家庭缺少收入来源。学龄青少年一般没有获得收入的能力,家庭主要劳动力重病重残,既需要照料,又增加家庭经济负担。若家庭中恰好有高龄父母,这样的家庭就会更加困难。

还有一种缺少家庭劳动力的情况,就是"爹死娘改嫁",家庭中只留下高龄祖辈和年幼子孙。这样的农户家庭就没有劳动收入来源,有限的承包地收入（可能还要请人耕种）不足以解决温饱问题。

丧失劳动力的农户家庭，几乎没有劳动收入，家庭人均年收入可能就不到3000元，家庭人均年收入低于贫困线。这样的农户无力解决温饱问题，就可能有人会饿死。

不过，当前中国已有比较完善的社会政策，超过60岁的没有子女赡养的老年人和没有父母抚育的未成年人，都可以被纳入国家保障政策中去。

在农村中，一旦重病重残导致家庭没有主要劳动力，这样的农户家庭人均年收入就会相当低，其人均年收入与有劳动力家庭之间存在巨大的收入断裂带。因此，几乎不用对农户家庭收入进行精准统计，只要统计农户家庭中有无劳动力，就可以精确地划分出贫困户与非贫困户——没有劳动力的家庭人均年收入远低于贫困线，有劳动力的家庭人均年收入则要远高于贫困线。这在农村是一个常识。人均年收入远低于贫困线的农户家庭是农村绝对贫困户。每个地区的农村都会有一定数量的绝对贫困户。但是，绝对贫困户的占比还是很小的。

农户家庭中有无劳动力已成了决定农户收入的基准，成为农民收入分层的巨大断裂带。好在落在断裂带下面的农户数量极少，最多不超过农户总数的3%，通常只占1%左右。

从最近几年推进农村精准扶贫情况来看，精准识别贫困户的最好办法当然是统计收入。不过，在农村仍然存在大量自然经济、自给自足经济、现金经济的情况下，农户都希望被纳为贫困户以享受到扶贫政策的好处，农户就倾向隐瞒自己的收入。实际上大多数地区分给农村的贫困户指标太多，划分贫困户与非贫困户的界线，不是放在绝对贫困户与一般农户收入的断裂带之内考量，而是放到了一般农户收入的下限，将一些家庭有劳动力的农户纳为贫困户，或隐瞒收入被纳为了贫困户。他们享受到了扶贫政策的好处，由此引发其他农户的攀比心理（凭什么条件差不多的农户得到扶贫利益而自己没有得到），并引发强烈的不公平感，由此不仅会产生乡村治理危机，还会产生伦理危机。

为了避免统计收入的困难，在精准识别贫困户时，还有统计收入的另外一套标准，即"两不愁三保障"，但这个标准可能更加主观，在实际操作中可能造成各种困扰。例如，本来在精准扶贫要求"稳定实现扶贫对象不愁吃、不愁穿，保障其义务教育，基本医疗和安全住房"之前，全国就已经实现了义务教育、合作医疗，有专项农村危房改造资金，对于吃穿等问题无法解决的绝对贫困户有低保政策兜底。一旦以"两不愁三保障"作为识别贫困户的标准，就会冲击其他社会政策，并冲击按贫困线划定贫困户的相对客观的标准。

在当前的中国农村，农户收入之间存在有劳动力和无劳动力的巨大的收入断裂带。这个收入断裂带在村庄熟人社会中为所有村民熟悉。因此，划出贫困户乃至低保户的办法就是将低保线或贫困线划在这个断裂带以下，这样就很容易形成一个区分明显、不具有可比性的贫困户或低保户名单，国家对这些绝对贫困农户进行帮扶或补助，其他农户都不会有什么意见。这个办法既可以避免精准统计农户收入的困难，又避免了用其他主观标准来确定贫困户或低保户可能引发的混乱。

2017 年 8 月 21 日

撬动村级治理的支点

在安徽淮南调研时,意外发现村庄中心工作竟然是收水费,以及以此为基础开展的农田灌溉合作。淮南地处淮河流域,地势平坦,水网密布,既容易旱,更容易涝,因此水的治理是个大问题。排灌对农业生产甚至农民生活有重大影响。水利排灌具有很强的外部性,水利合作就有很高的必要性。调研的乡镇各个行政村在当前仍然能坚持收水费,并以农田灌溉为基础将农民组织起来,对村级治理其他方面也形成了良好的影响。

通过收水费,村干部与村民之间建立起血肉联系。村干部收不到水费,农田灌溉出了问题,这个村的工作肯定就没有搞好。村干部要向一家一户收水费,不仅要接触一家一户村民,做到公平,而且必须解决村民提出的问题。村干部工作不扎实,不能解决村民提出的问题(往往是水利以外的其他问题),缺乏联系群众的能力,无法应对钉子户的挑战,是不可能顺利收到水费的。

村干部为收水费必须考虑村民生产生活状况,必须回应村民生产生活中的问题,以及必须就如何分摊水费征求村民意见,达成共识。村干部与村民长期密切的接触,相互产生了信任,就不只是解决了农田灌溉问题,还顺便解决了村庄治理中的其他问题。这样的一种治理模式,可以称作通过农田灌溉的治理。

淮南农田水利治理，不仅在于水利对农业生产很重要，而且借水利这项公共事业，将村干部与村民、村民与村民联结起来，形成了一个具有共同意志可以集体行动的整体，从而可以解决村庄治理中的其他生产生活事务。

通过一件公共性很强的事务来撬动村庄治理，是一种普遍现象。如山东很多农村，村民要求调整土地，理由是"没有土地今后靠什么生活"。山东农民要求每隔几年就按人口进行土地调整，有两个深层逻辑：一是借土地调整，解决土地细碎化的问题；二是借土地调整，对村庄积累下来的各种矛盾集中清理，解决村级治理中的各种难题。土地调整涉及千家万户，关系到农户切身利益，农户就一定会高度重视。调整土地必须要有村庄共识，反映村民公平意识，并在土地调整的过程中解决积累下来的各种矛盾。正是通过土地调整，村庄公正得以重申，村庄矛盾得以清理，干群关系得以维系，村级治理得以顺畅。

前几年全国农村土地确权，不再允许土地调整，其中重要的原因是担心土地调整会引起村庄矛盾甚至引发农民上访。然而，只有借助所有农户都关心的事务才可能将村庄治理激活，也正是通过解决矛盾激活村庄，才可能带动村庄治理能力的全面提升。

除了农田灌溉和土地调整的治理以外，还有很多类似通过某种事件的治理来带动整个村庄治理的例子。比如修路架桥、社会治安等，还有一些重要的政策会对基层治理产生重要影响。下面讨论两个相关的案例。

自2009年以来，成都市财政向每个行政村下拨40万元村庄公共服务资金（以下简称"村公资金"），规定村公资金只能用于村庄公共事业，并且必须经由村民议事会讨论决定。结果，村公资金极大地提高了村民参与村庄公共事务的积极性，村公资金也都用到了村民需求最强烈的地方。村公资金比较多，在村公资金使用过程中就出现了各种不规范，甚至出现了村公资金的权力寻租。为规范村公资金使用，成都市制定了越来越多关于村公资金使用的规范。之前的村公资金是"活钱"，村民议事会有很大决策权，现在村公资金变成了"死钱"，村民议事会变成村公资金规范使用的一个环节，议事本身成了走过场。由此看来，村公资金毕竟还是国家的钱，靠国家的钱来真正撬动基层治理，还是有难度的。

如果村集体有收入呢？村集体收入就是全村村民的收入，村民必然会关心村集体收入如何使用，使用是否公平，是否有效，从而就可以调动起村民对集体事务的关心。正是借村集体经济收入，调动村民参与积极性，达到村级治理的有效。这也正是当前乡村振兴要求发展集体经济的原因。

不过，当前发展面向市场的集体经济，风险很大，往往是集体没有赚钱，反而造成负债。一旦负债，任何一个村民都不愿担责。即使侥幸赚到钱，村支书也一定会认为是自己的本事大，也就会变得骄傲自大起来。

村集体经济最靠谱的收入来自租金，包括出租土地和出租厂房，这是当前中国部分农村仍然有村集体经济的关键。出租厂房只能在沿海工业化的农村，一般农村也就只能出租土地，或收取集体土地的承包费。现在的问题是，国家不允许村集体收取土地承包费，这样就堵住了通过土地收租来进行有效治理的可能性。

当前，农民自我管理、自我教育、自我服务的机会越来越少。国家项目下乡，甚至连农民厕所改造也由国家出资完成，在这个过程中，村干部主要功能不再是组织农民自治，而是完成上级安排的行政任务。这样一来，农民自我管理、自我教育、自我服务的意识越来越淡薄。

2021 年 1 月 15 日

当前村庄建设的目标是什么

乡村振兴的一个重要内容是村庄建设。当前在村庄建设上已经有了很多探索，也投入了大量的人力财力物力。村庄人居环境整治，美丽村庄建设，乡村产业发展，乡村全域旅游，一二三产业融合，甚至按景区标准规划建设贫困村，都是作为乡村振兴重要内容的村庄建设实践。乡村振兴的最终目标是建设"农业强、农村美、农民富"的"强美富"乡村。现在的问题是，全面实现"强美富"的目标是在2050年，即30年以后的事情。当前全国农村还有2亿多农户，约5.6亿人仍然居住在农村。这2亿多农户都承包了农村土地，在农村有宅基地，且绝大多数农户仍然耕种土地，从农业中获取收益。在这样一种农情国情下，将"强美富"村庄建设作为当下乡村振兴目标是否合适，还需要讨论。

首先来讨论"农业强"的问题。当前中国有大约20亿亩耕地，有2亿多农户，户均10亩耕地，70%以上农户仍然耕种自家土地，主要是留守农村的中老年人在耕种。另外还有比例不等、通过自发土地流转形成适度规模经营的"中农"，这些"中农"大多是无法或不愿外出务工或经商的青壮年夫妻，他们通过土地流转形成三五十亩地的经营规模，经营农业获得不低于外出务工的收入。他们成为村庄治理中的积极分子，成为村组干部的主要来源。

在未来相当长的一个时期，城市无法为所有农户提供体面的就业与安居机会，农户可以通过代际分工获取收入，年轻子女进城，年老父母留守农村，以化解和分散进城压力。从这个意义上说，当前的农业和农村为缺少进城机会的农民提供了就业机会，提供了基本生活保障，也使进城创业失败的农民有了退路。因此，农业强不强不是当前"三农"问题的根本，中国农业目前主要是保障粮食安全和保障5.6亿农民基本生存条件。只要当前中国农业仍然要为这些农民提供保障与退路，只要城市还无法为所有进城农民提供可以安居的稳定就业环境与较高收入，中国农村土地就应当优先服务于中国农民的就业，就不能只是考虑将土地集中起来发展以规模经营为基础的现代农业。在现阶段，单纯强调"农业强"，显得操之过急。

再来讨论"农村美"的问题。农村的确很美。农村远离城市喧嚣，亲近自然，白天艳阳高照，晚上月朗星稀。种子埋到土里，春播秋收，春华秋实。这样的食物吃起来最放心。"采菊东篱下，悠然见南山"是无数人心中向往的田园生活。

当前农村基础设施大都建设得很好。农业机械化程度越来越高，基本告别了肩挑人扛。农业生产不再是重体力劳动，只要能与土地结合起来，具有劳动能力的农民就可以从中获得收入与怡然自得的生活。

从这个意义上讲，只要具有基础生活设施，生产生活便利，居住环境干净整洁，这样的农村就很美。农村的美，不能按城市景区标准打造，也不仅仅为了让城市人来乡村旅游而建，而是要更多考虑方便农民生产生活。

为城市有钱人提供休闲去处，这样的去处应该选择具有区位优势与资本的农村来打造，让农民赚城市人的钱。然而，全国绝大多数农村不可能打造成景区来赚城市人的钱，他们要的是与当前经济收入水平相适应的宜居，不是只体现城市小资"乡愁"的美丽乡村。

当前的中国农民希望进城并能在城市体面安居。如果无法在城市体面安居，他们就想回到农村，毕竟农村生活成本低，有自己的住房，还可以与土地结合起来。我认为，当前的农村既能为无法进城生活的农民保留返乡退路，又能为留村农民提供体面的生活保障，才是最好的。

因此，"农村美"的关键是要为仍然占到中国人口大多数的农民提供保障，尤其是要为相对弱势、缺少进城机会的农民提供保障。"农村美"不是抽象的，而是具体的。以这个标准来看，当前全国各地正在投入巨资打造美丽乡村的建设过头了。

最后说"农民富"的问题。社会上有一种片面的认识，认为要让农民富就必须要发展农村产业，或产业在农村发展起来，这种认识是存在误区的。产业发展有自身的规律，人为在农村发展产业，逆势而动，违反经济规律，是不可能成功的。当前二产集中在地级以上城市和沿海城市经济带，县域范围内二产缺少发展空间。离开二产，在农村发展三产也就成空中楼阁。即使发展乡村旅游和休闲农业，也只可能集中在具有区位优势和资源优势的极少数农村，绝大多数农村是不可能靠发展乡村旅游致富的。在农户众多、户均耕地有限的情况下，靠农业致富也不大可能。极少数地区通过种植经济作物致富，也都集中在资金密集、技术密集、市场风险巨大的产业上。即使农户因此致富，这种模式也不可推广。一旦推广，所有农户都将陷入巨大的风险当中。这是规律。

那么，农民还有致富机会吗？当然有的，这个致富机会就在城市。实际上，很多农民早在20世纪80年代就进城务工或经商，很多农户都在城市安居乐业了。农民其实是中国市场经济中最活跃的主体，他们积极寻找市场机会，获得劳动收入，推动中国经济快速发展。

"农民富"不是靠有能力带领农民致富的救世主，也不是靠城市资本下乡，而是靠城市，靠市场，靠他们自己的努力。越来越多的农民进城并在城市安居下来，留给在村农民更多农业获利机会，在村农民就可以扩大农业经营规模，占据更多农业市场，提高农产品议价能力，靠农业也能获得不低于进城的收入。

基于以上情况，针对当前全国乡村振兴的开局存在的某些误区，有以下几点建议。

第一，在当前乃至未来相当长的一个时期，村庄仍然要为农民提供基本保障与返乡退路。除极少数具有区位优势可以打造为景区发展乡村旅游来赚钱的村庄外，绝大多数村庄建设的重点，仍然是为农民提供生产生活基础设施等基本保障。

第二，在城市化背景下，刻意发展乡村产业不可能让农民在农村致富。现阶段，农民致富的机会仍在城市，只有大多数农民进城并在城市体面安居，他们才能让渡给留在农村的农民获利的机会。

第三，国家不必刻意鼓励农民工返乡创业，不必推动城市人才进村，更不应支持城市资本下乡。大量农民进城去了，具有比较优势的农户家庭会顽强地获取进城农民让渡出来的机会，并因此成为农村真正的主人。

第四，当前"农业强"的根本是保障粮食安全，而不是要靠农业赚取利润。相对来讲，种子安全更为重要。种子安全不能靠市场解决。"老人农业"具有顽强的生产力，一定不能将老年农民从农业中排斥出去。

第五，要充分发挥市场在资源配置中的基础性作用。城市向农民开放，所有市场机会都向农民开放，这个时候，致富是农民自己的事情。农民中的相对弱势群体，他们进入市场创业可能失败，国家就要为这些可能失败的农民保留返乡退路。在目前阶段，乡村振兴的核心目标是为进城创业失败的农民保留返乡退路。

当前乃至未来相当长的一个时期，村庄建设的目标不是"强美富"，而是要为不能在城市体面安居的相对弱势的广大农民提供返乡退路。当前美丽乡村建设不是要建设一个比城市更好更宜居的乡村，而是要为农民提供基本生产生活秩序的保障，从而让农民可以在农村享受低成本却又体面的农村生活。

2021 年 4 月 15 日

美丽乡村建设不能超越历史阶段

北方 H 省 H 县是革命老区，也是贫困地区，经过大力扶贫，现在的 H 县已经与全国其他贫困县一起脱贫了。脱贫攻坚中，国家向 H 县投入了大量资源，据说目前 H 县同时有二十多支乡村规划团队搞规划和建设，规划和建设都是按景区标准。巨额的国家投资，高水平的规划建设团队，一定可以将 H 县建设成为美丽乡村。问题是，H 县是一个山区小县，地理位置偏僻，只有大概 200 个行政村、20 万人口，花巨资打造美丽乡村，若不能吸引外地游客，H 县美丽乡村建设资金投入就要打水漂。看起来，H 县发展乡村旅游的空间不大。

当然，美丽乡村建设也是造福老区人民群众，只是 H 县农民也多进城打工，所建美丽乡村利用率很低，建设好了，很上档次，也很好看，却没有人使用和维护，国家扶贫投入并没有产生效益。

本来 H 县只是国家重点扶贫的县，却被地方上搞成了美丽乡村建设，将贫困地区当作景区打造，景区没有游客，农民也留不住，国家投资就没有发挥应有的作用。从这个意义上讲，当前 H 县正在以景区标准规划建设的美丽乡村，是超越了历史阶段的，也因此是不可持续，更不可能推广的。

当前全国农村，无论是东部沿海发达地区的农村，还是中西部地区的农村；无论是具有区位优势和旅游资源的农村，还是一般农业型农村，都在集中资源打造美丽乡村。2020年年底，我先后到7个省若干乡镇调研，竟然都在花巨资打造美丽乡村，一个乡镇少则1~2个，多则5~6个。一个四五百人的居民点，投入少则四五百万元，多则过亿元。

县乡财政当然是没有如此之多的财力来投入，这些投入主要有三种来源：一是通过融资。融资当然是要还的。仅仅靠打造美丽乡村却很难产生收益。地方的想法是，先融资建设再说，融资将来要还，那不是将来的事情吗？二是通过整合资源，将其他地方甚至其他用途的资源整合，集中投入到美丽乡村建设上。三是通过土地指标换钱。土地指标归根结底不过是转移了的地方财政资源。此外还有若干省市美丽乡村建设项目，县乡也有很高的争取省市项目的积极性。

到这些投入巨资搞美丽乡村建设的地方调研，几乎没有找到投入是有回报的。全国的情况应该大同小异。这些投入巨资打造的美丽乡村，各种高规格、高标准配套，然后通过验收，项目建设就完成了。

问题是，验收通过的美丽乡村连维护资金也没有，村庄青壮年劳动力照样进城去了，留守老年人也不需要按城市标准打造的景点，他们需要的是在房前屋后养鸡种菜。我在一个乡镇调研时，镇党委书记指着两年前打造的美丽乡村景点说："不到两年一切恢复原样了。"

另外一个省的乡镇，投入数千万元打造的美丽乡村示范点，仅仅热闹了3个月就再也无人去了。有的易地扶贫搬迁的美丽乡村建设点建在山上，投入数千万元，只有40多户村民仍然住在山上，几乎没有外面的人去过，设施利用率非常低。

无论是在贫困山区建美丽乡村，还是在一般农业地区建美丽乡村，抑或是在发达地区建美丽乡村，都需要投入巨额资源，这些资源本质上都是国家财政惠农资金。我的理解，扶贫的任务是让贫困地区农民脱贫，而不是非得致富，更不应该按景区标准来打造居住生活环境。无论是一般农业地区还是沿海发达地区，投入巨资建美丽乡村，不仅要改善居住环境，而且还要通过美丽乡村建设，发展乡村旅游。问题是，发展乡村旅游应当是农民自己的事情，赚取利润归农民，投入也当然要由农民集体来承担。财政出钱，少数地方的农民得利，这显然也不合适。

既然全国各级地方政府都在打造美丽乡村，发展乡村旅游，就必然造成乡村旅游的高度竞争。本来具有市场比较优势的自我经营的乡村旅游，在大量财政投入建设美丽乡村点的挤压下，面临破产。高度竞争的结果是大量投入却没有收益。

依靠巨额财政投入建设的美丽乡村不赚钱，没有维护很快就会毁损，依靠融资或整合资金而来的投资，要么挤占了一般惠农项目资源，要么融资负债难以偿还。美丽乡村建设除可以有一时的亮点，成为个别人的政绩，在推进乡村振兴上显得有所"作为"以外，剩下的也许就是一地鸡毛了。

现阶段，中国仍然是一个发展中国家，国家财政能力是有限的。任何财政资源的浪费都是极大的犯罪。

在国家资源有限的情况下，现阶段国家财政投入主要应当用于打基础、补短板和保底线的乡村建设，而不应超越历史阶段去打造美丽乡村，更不能按打造景区的方式去扶贫。一些具有地缘优势或旅游资源的特殊农村，当然可以发展乡村旅游，这是市场的行为。国家的资源应该为缺少市场机会的所有农民提供进入市场的基本条件，并为市场中的失败者提供基本保障。

当前阶段的乡村振兴，绝对不是要花巨资打造几个美丽乡村建设点，而是要为进城过程中的亿万农民提供可以在城乡自由往返的基本生产生活秩序和保障。

当前，有的地方政府对乡村振兴战略理解过于机械、教条和形而上学，必须改变。

2021 年 4 月 15 日

推进乡村振兴战略的十点思考

（一）

推进乡村振兴战略按时间分为两个阶段，第一阶段（大体在2035年完成），这一阶段的乡村振兴建设的重点，应该为大多数仍然要依托农业的、占中国人口大多数的、相对弱势的农民进行乡村建设，保证农村基本生产生活秩序。当前乡村建设的重点，不是建设美丽乡村，也不可能让所有农民从农村农业中致富。农民正在城市化，现阶段农民致富机会在城市。在当前，中国现代化的重点和关键也仍然是科技进步、产业升级，中国现代化的重点和重心还在城市。

这二阶段（大体在2050年完成）才是要建设成为"强美富"的农村。

（二）

将乡村旅游与一二产业融合的空间非常有限，美丽乡村建设不可能变成持续的"美丽经济"，需警惕存在的巨大的乡村旅游"泡沫"。当前中西部地区甚至东部沿海发达地区投入巨资建设美丽乡村，浪费了大量宝贵的惠农资金，形成了巨额地方债务，所建美丽乡村示范点大多不可持续。应当限制投入成本高，利用率低的美丽乡村建设投资。

美丽乡村建设中,对一个贫困县 100 多个村庄进行改造设计,按景区标准打造,远远超越了当前中国农村发展的历史阶段,不应当作为正面典型宣传。

靠政府投资的美丽乡村建设,缺乏内生动力,很难变成产业,反倒是在美丽乡村建设行动中,地方政府花大量资金来购买服务,有可能催生出美丽乡村"产业"。

(三)

农村农业现代化是中国现代化的前提。农村现代化建设要按农村标准,不能按城市标准。随着城镇化推进,大部分乡村必然走向相对衰败。乡村建设需要定位于底线建设,目的是缓解现代化给乡村带来的阵痛,并通过适当建设乡村来规避可能出现的现代化风险。农村是中国现代化的稳定器和蓄水池。

在城市缺少就业机会的中老年农民,只要与土地结合起来,就可以在村庄熟人社会中获得收入、体现价值。若国家支持农村互助养老,农村就可能成为中国应对老龄化的主要阵地。为农民保留退路、将乡村建设成应对人口老龄化的阵地,可以是乡村建设的一个重要的突破口。

(四)

过于强调生产要素自由流动,鼓励资本下乡,只会加剧农业农村领域的竞争,排斥缺少城市就业机会的农民在农村发展的机会,影响土地作为农民基本保障的功能。

限制城市资本下乡是一种保护型的城乡二元体制。限制资本下乡,尤其需要限制城市人到农村购买农民宅基地建别墅。农民宅基地是农民基本权利的保障,基本保障不可以市场化。破除城乡二元结构不是要破除对农民的保护。

(五)

政府扶持农业产业发展,会造成农业产业的过度竞争,既很难让农民致富,也无法解决农业弱势的问题。农业产业化空间有限,不宜过多折腾。农业主要是保障粮食安全。"老人农业"具有合理性。国家支持种业发展则具有紧迫性。

(六)

当前农业面临的最大问题是土地细碎化,分散的地权和地块难以适应现有农业生产力。农地制度需要创新,创新可参考国有农场的土地制度。

土地是生产资料,不是财产,劳动才能创造财富,农地制度要保护生产的权利,而不是占有的权利和不劳而获的权利。

不劳而获是腐朽的。增加财产性收入的提法有误区,要扭转土地财产化改革的方向。

(七)

农村反贫困的关键是要建立相对完善的特困救助制度,通过社会保障更加制度化、常规化的办法反贫困,远好于"运动式"扶贫。实施乡村振兴战略,应避免精准扶贫中出现的严重的形式主义,避免造成严重的人财物力浪费。

三　基层服务与运动治理

（八）

当前全国大多数地方政府都指望通过腾退农民宅基地来获取乡村振兴建设所需的巨额资金，这是完全不现实的，宅基地腾退并不能创造财富。通过拆农民房子来转移财富，代价大到不可承受。要坚决反对腾退农民宅基地的做法。建设用地指标换钱，本质还是财政转移支付，是土地财政的让渡。

（九）

村集体经济大体分为两类，一类是有物业靠收租，另一类是经营产业。现在村集体经济发达的村庄绝大部分属于第一类。成功经营实体经济的村庄少之又少。

当今发展农村集体经济，第一类是靠收租的，没法推广。在村庄发展实体经营要量力而行，不能强推，更不宜硬下指标。农村税费改革前的村级负债，相当比例是之前村庄从事实体经营失败造成的。

（十）

乡村振兴不要搞透支，地方发展要防止过度融资，搞没有效益也不可能持续发展的乡村建设。

不要过度强调金融服务农民，现有金融可达性和普惠性已经足够了，不要再让农民家庭超前消费。在社会保障水平不高的情况下，增加农民家庭债务是危险的。

2021 年 4 月 15 日

— 后　记 —

中国农村基层治理正处在巨变之中。进入 21 世纪以来，国家不仅取消了延续千年的农业税，而且有越来越多的财政资源投入农村。大量财政资源进村落地，不仅改善了农村基础设施条件，提高了公共服务水平，而且密切了国家与农民的关系，改进了基层治理机制。

国家资源进村，保证资源顺利落地，保证资源有效使用，并不是一件容易的事情。有资源的地方就会有竞争：一是钉子户借资源落地谋取不当利益，一个钉子户得逞，就会有更多钉子户涌现；二是资源掌握者不负责任，能力缺乏，或利用权力谋取好处，从而造成资源使用低效甚至无效。为了保证资源的有效使用，国家就要加强对基层的监督，就会要求基层治理规范化、标准化以及办事留痕。

中国地域辽阔，人口众多，不同地区的农村情况复杂、发展也不平衡，国家资源进村落地必须因地制宜，因时制宜。在不同地区和不同时期，由于国家资源落地的规范化与标准化不同，就会与基层治理实践产生冲突。因此，在自上而下强有力的规范化、标准化的要求下，基层治理不得不从形式上满足上级要求，不得不办事留痕，不得不应付上级，不得不搞形式主义。上级监督越严格，要求越规范，基层治理就越是陷入应付上级核查的形式主义之中。如果基层治理脱离地方实际，国家下乡资源的使用就会不精准、无效率。

近 20 年来，我一直坚持驻村调研，写调研随笔。十八大以来，我写了若干驻村调研随笔。2017 年之前的调研随笔收录在《治村》（北京大学出版社 2017 年版）和《最后一公里村庄》（中信出版社 2017 年版）。让人欣慰的是,《治村》和《最后一公里村庄》出版后均获得了较好的评价,也都多次重印。2017年之后继续驻村调查,继续写调研随笔,并将2017年以来所写调研随笔汇编为两部书,一部是《大均衡:进城与返乡的历史判断与机制思考》,由广西师范大学出版社出版;另一部是《监督下乡——中国乡村治理现代化研究》,使用了书中的一篇调研随笔的标题《监督下乡》作为正书名。用"监督下乡"作为正书名,是因为当前基层治理现代化进程中,与财政资源下乡相伴而来的监督下乡正成为塑造基层治理最为关键的元素。

乡村治理现代化有一个艰难探索的过程。中国农村基层治理往哪里去,仍然没有清晰的答案,需要实践摸索,也需要理论探究。收入本书的调研随笔主要呈现基层治理实践者,尤其是乡村干部工作的感想,绝大多数是对乡村干部思想的记录,也有自己的一些小思考。我认为,通过专家学者的观察思考与基层实践者的亲密互动,或许能寻找到通向乡村治理现代化的正确道路。

本书分为四部分,收录50篇调研随笔或政策评论,涉及乡村治理诸方面,调研所涉及的大多数地名及相关人物进行了化名处理。调查不够全面,思考不够深入,抛砖引玉,希望能给予学界同仁和基层实践者一定启发。本书也可以看作《治村》的姊妹篇。

中国农村基层治理现代化正在探索之中,我愿意继续做中国基层治理现代化的观察者、思考者,继续观察和思考基层治理现代化问题,并希望在若干年之后再有新的观察思考汇编出版,以继续求教于各位师友。

贺雪峰

2021年6月3日晚

于武汉大学

图书在版编目（CIP）数据

监督下乡：中国乡村治理现代化研究 / 贺雪峰著.
-- 南昌：江西教育出版社，2021.7
 ISBN 978-7-5705-2284-2

Ⅰ. ①监… Ⅱ. ①贺… Ⅲ. ①农村－群众自治－研究－中国 Ⅳ. ①D638

中国版本图书馆 CIP 数据核字(2021)第 002500 号

监督下乡：中国乡村治理现代化研究
JIANDU XIAXIANG：ZHONGGUO XIANGCUN ZHILI XIANDAIHUA YANJIU

作　　者：贺雪峰
责任编辑：龚　琦　田　玲
责任校对：胡　兴
出　　版：江西教育出版社出版
地　　址：江西省南昌市抚河北路 291 号
邮　　编：330008
发　　行：各地新华书店经销
印　　刷：安徽联众印刷有限公司印刷
版　　次：2021 年 7 月第 1 版
印　　次：2021 年 7 月第 1 次印刷
开　　本：710 毫米× 1000 毫米　1/16
印　　张：17
字　　数：250 千字
书　　号：ISBN 978-7-5705-2284-2
定　　价：59.00 元

赣教版图书如有印装质量问题，请向我社调换　电话：0791-86708331
投稿邮箱：TOUGAO_BOOK@126.com　投稿电话：0791-86706210
网址：http://www.jxeph.com
赣版权登字 -02-2021-368
·版权所有　侵权必究·